2019
己亥年

法韵中华

古代篇

李雪梅 编著

法律出版社
LAW PRESS·CHINA

一月·权之威

秦·铜诏铁权

JANUARY

春秋战国·郳国陶量

春秋战国时期陶质量器，1980 年出土于山东邹县郳国故城宫殿区以南，现藏于山东博物馆。直口，微鼓腹，平底，通体饰细绳纹，近口部为横线纹，腹中部有波浪形纹。腹部左右各有一圆柱形把手，底部内表的“郳”字是在陶器烧制之前以印章钤印。郳（邹）国是春秋战国时的诸侯小国，因临近齐鲁，度量衡制度受齐国影响较大。

January

2019

Wednesday

星期三

2

2019 年 1 月 2 日

农历戊戌年·十一月廿七

战国·齐“公区”陶量

战国时齐国标准量器，陶质，传出土于山东临淄，现藏于中国国家博物馆。高17厘米、口径20.5厘米，容积4847毫升。广口深腹。腹部有绳纹，壁上有戳印铭文两处，其中一处为阳文“公区”。“区”为齐国量器的量制单位，“公”字意为由齐国官府所制。

January

2019

Thursday

星期四

3

2019 年 1 月 3 日

农历戊戌年·十一月廿八

战国·齐“子禾子”青铜釜

战国时齐国青铜量器，1857年出土于山东胶县灵山卫，现藏于中国国家博物馆。高38.5厘米，口、腹、底径分别为22.3、31.8、19厘米。小口深腹，平底，腹两侧有耳。腹壁刻铭文9行、108字。子禾子即田和子，此釜是子禾子当齐侯之前铸造的“家量”，与诸侯王制作的“公量”有别。釜原置于关卡，当与征收关税有关。铭文刻载了该釜容量大小的参照标准，并对“关人”的行为做出明确规范。

January

2019

Friday

星期五

4

2019 年 1 月 4 日

农历戊戌年・十一月廿九

战国·楚“燕客”铜量

战国时楚国标准量器，青铜质，现藏于湖南省博物馆。圆筒状，有铭文一侧略有棱角。平底，高 13 厘米、口径 15 厘米，容积 2300 毫升。外壁一侧方框内有篆体铭文 6 行、58 字。铭文为：“郾（燕）客臧嘉闻（问）王于菽（纪）郢之岁，亯（享）月己酉之日，萝莫敖臧无，连敖屈上，以命攻（工）尹穆丙，工差（佐）竞之，集尹陈夏，少集尹龚赐，少工佐李癸，铸廿金削（筩），以賹秙爵（筲）。”内容涉及赋税征收、俸禄发放，以及官吏负责铸造 20 个铜量之事。

小寒

January

2019

Saturday

星期六

5

2019 年 1 月 5 日

农历戊戌年 · 十一月三十

战国·楚“王”字青铜衡

战国时楚国青铜衡器，安徽寿县出土，现藏于中国国家博物馆。共两件：一件长、宽、厚为 23.1、1、0.35 厘米；另一件长、宽、厚为 23.15、1.3、0.35 厘米。扁平，正中有钮，钮下拱肩。铜衡杆的长度相当于战国时的一尺，衡杆背面中部和一端各横刻一“王”字。两件衡杆正面均刻线，一件刻十等分，每等分一寸；一件中间二寸有寸刻线，其余每半寸刻一线。衡杆上的十等分刻度，可能是称量时作为在不同部位悬挂权和重物的标志。寿春（今安徽寿县）是战国晚期楚国的都城，“王”字青铜衡出土于寿春故城内，当是楚迁都寿春城后王宫使用的遗物。

January

2019

Sunday

星期日

6

2019 年 1 月 6 日

农历戊戌年 · 十二月初一

战国·楚“钧益”铜环权

战国时楚国青铜砝码，出土于湖南长沙近郊，现藏于湖南省博物馆。由大到小十件组成，是目前所见楚国天平砝码中最完整的一套。大号环权重一镒，其余九个合重一镒。二号环权上刻有“钧益”二字。“钧”同均，“益”同镒，为当时的黄金计量单位。“钧益”之意是平准分割黄金一镒。在“钧益”衡制中，一镒相当于西汉的十六两（西汉时的一斤）。十枚铜环权的重量大体以倍数递增，由小而大分别为一铢、二铢、三铢、六铢、十二铢、一两、二两、四两、八两、十六两（一斤）。

January

2019

Monday

星期一

7

2019 年 1 月 7 日

农历戊戌年·十二月初二

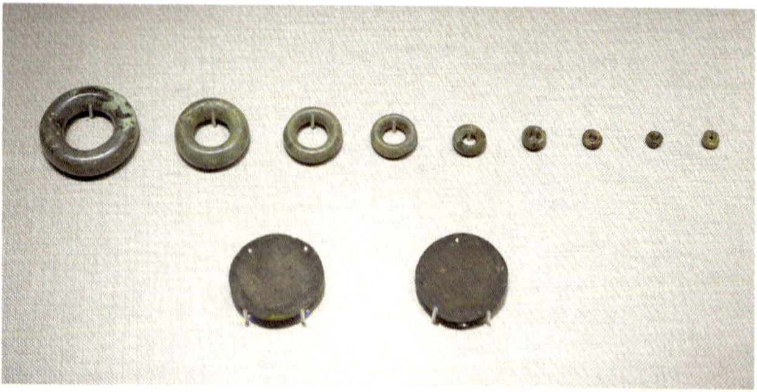

战国 · 楚木衡铜环权

战国时楚国标准度量衡器，1954 年出土于湖南长沙左家公山，包括一个木质秤杆、两个铜盘和九个铜环权，分藏于湖南省博物馆和中国国家博物馆。木杆长 27 厘米，中间置丝线提钮，两端各系一铜盘。铜盘直径 4 厘米，为等臂衡秤式样。铜环权重量依次递增，自小而大分别为一铢、二铢、三铢、六铢、十二铢（半两）、一两、二两、四两、八两。最大的第九枚（八两）为 125 克。由此推断楚国的一斤（十六两）为 250 克。

January

2019

Tuesday

星期二

8

2019 年 1 月 8 日

农历戊戌年 · 十二月初三

战国·韩“阳城”陶量

战国时韩国陶量，1977 年出土于河南登封告城古阳城炼铁遗址，现藏于中国国家博物馆。高 11.4 厘米、内深 9.8 厘米，口、底内径分别为 14.7、14.8 厘米，壁厚 1.2 厘米，底厚 1.6 厘米。陶量周身为暗弦纹，口沿上有三方“阳城”印，外壁等距有两个“⋈”字符。直口平底造型容易盛装和倾倒谷物，容积为 1860 毫升。

January

2019

Wednesday

星期三

9

2019 年 1 月 9 日

农历戊戌年 · 十二月初四

战国·晋“司马成公”青铜权

战国时晋国铜权，现藏于中国国家博物馆。高 15 厘米、底径 19.5 厘米，重 30,350 克。平底，钮残。腹部刻铭：“五年，司马成公玥，殴事命代赓，与下库工师孟，关师四人，以禾石半石甾平石。”文中“司马”“下库工师”为官职名，“成公”为复姓，玥为名，“司马成公”为监造者；“孟”是主造人姓，“关师四人”是权的实际铸造者。根据铭文字体和内容，当为三晋器物。大意是，此为官方颁发，专用作称禾谷的 120 权。此权也称“司马禾石”铜权。也有学者认为是赵国权。

January

2019

Thursday

星期四

10

2019 年 1 月 10 日

农历戊戌年 · 十二月初五

战国·魏“安邑下官锺”

战国时魏国铸造的青铜量器，1966年出土于陕西咸阳塔尔坡，现藏于咸阳博物馆。高56厘米、口径19厘米、腹围116厘米。器身铭文非一次刻成。第一次是刻于腹部的“安邑下官锺，七年九月”等27字，之后在颈部刻“至此”，在唇部刻“十三斗一升”。“安邑下官”是魏都安邑管理饮食的机构，“府啬夫”“治吏”是魏国管理铸造铜器的小官吏。此器原属魏国，流入韩国后经韩国官吏检校，加刻“至此”二字为校量标记。唇部所刻为秦篆，应是秦得此锺检校后留下的文字。

January

2019

Friday

星期五

11

2019 年 1 月 11 日

农历戊戌年・十二月初六

战国·中山陶量

战国时中山国陶质量器，现藏于河北博物院。中山国都城在今河北平山县境内，1986 年在平山县三汲乡战国时期中山国灵寿故城出土了一批陶量，一些内底上有“邦中”“邦左二”等铭文。“邦”指国家，“邦中”“邦左”可能是制造器物的官职，说明陶量应是在官方统一管理下制造的标准量器。中山国陶量有四个等级，容量相当于今天的 900、1800、2250、3600 毫升，呈递进关系。

January

2019

Saturday

星期六

12

2019 年 1 月 12 日

农历戊戌年 · 十二月初七

战国・秦商鞅方升

战国时秦国壹升标准量器，现藏于上海博物馆。全长 18.7 厘米、宽 6.97 厘米、深 2.32 厘米，容积为 202 毫升。器壁三面及底部均刻有铭文，左壁刻“十八年，齐逵（率）卿大夫众来聘。冬十二月乙酉，大良造鞅。爰积十六尊（寸）五分尊（寸）壹为升”，与手柄相对的器壁刻“重泉”为地名，右壁刻“临”字，系第二次使用的地名。底部为后加刻的秦始皇二十六年（前 221 年）诏书铭文。此升铸于秦孝公十八年（前 344 年），所标称值明确，制作精密，是用于检校其他量器的标准量器。

臘八

January

2019

Sunday

星期日

13

2019 年 1 月 13 日

农历戊戌年·十二月初八

秦·两诏铜权

秦代铜权，1967 年出土于甘肃秦安垅城西汉墓，现藏于甘肃省博物馆。权腹空，鼻钮。高 7 厘米、底径 5.2 厘米，重 250.4 克，为秦一斤权。棱间刻秦始皇二十六年（前 221 年）诏书 7 行和秦二世元年（前 209 年）诏书 9 行。其中始皇诏书内容为："廿六年，皇帝尽并兼天下诸侯，黔首大安，立号为皇帝，乃诏丞相状、绾：法度量则不壹歉疑者，皆明壹之。"

January

2019

Monday

星期一

14

2019 年 1 月 14 日

农历戊戌年 · 十二月初九

秦·铜诏铁权

秦代铁权，出土于甘肃天水秦城区平南乡松林村，现藏于甘肃省博物馆。权呈馒头状，高 19 厘米、底径 25 厘米，重 31,600 克。顶部有拱桥形提梁，提梁侧端镶一块边长 9 厘米的铜板，上铭刻篆书 6 行、40 字，为秦始皇二十六年（前 221 年）统一度量衡的诏书。底部有因重量不足而添加的金属。

January

2019

Tuesday

星期二

15

2019 年 1 月 15 日

农历戊戌年·十二月初十

秦·两诏铜版

秦代铜诏版，现藏于中国国家博物馆。长 10.1 厘米、宽 6.65 厘米。正面刻始皇二十六年（前 221 年）和秦二世元年（前 209 年）诏书，背面有大字“始皇诏书”残文四字。二世诏的铭文为：“元年制诏丞相斯、去疾，法度量尽始皇帝为之，皆有刻辞焉。今袭号，而刻辞不称始皇帝，其于久远也，如后嗣为之者，不称成功盛德。刻此诏，故刻左，使毋疑。”

January

2019

Wednesday

星期三

16

2019 年　1 月 16 日

农历戊戌年・十二月十一

秦·二世元年诏版

秦代铜诏版，现藏于中国国家博物馆。通高 12.2 厘米、宽 10.5 厘米，上刻秦二世元年（前 209 年）诏书 60 字。秦二世继位后，在刻有秦始皇统一度量衡诏书的量器、衡器上加刻诏书。从形制看，此器应是镶嵌或捆缚于其他器物上使用。二世诏中的“刻此诏，故刻左”之文，说明二世诏是配合始皇诏书用的附属文件。

January

2019

Thursday

星期四

17

2019 年 1 月 17 日

农历戊戌年·十二月十二

秦·始皇诏陶量

秦代陶质量器，出土于山东邹县，现藏于山东博物馆。该器用细泥灰陶土烧制，质地坚硬，平底广口。高 8 厘米、口径 16.8 厘米，容积 1000 毫升。外壁戳有 10 个方印，组成秦始皇二十六年（前 221 年）诏书。近口沿处和底部有“驺”字。驺为地名。鲁穆公时改“邾”为“驺”，秦汉置驺县，故城在今山东邹县东南。此器当是邹地所造。

January

2019

Friday

星期五

18

2019 年 1 月 18 日

农历戊戌年·十二月十三

秦·大騩两诏铜权

秦代铜权，现藏于南京博物院。八棱柱体，腹空。高 5.9 厘米、面径 8.6 厘米、底径 9.9 厘米，重 2300 克。权身有秦始皇二十六年（前 221 年）诏书和秦二世元年（前 209 年）诏书，各占四面。顶部横梁左右有阴文篆书“大騩”二字。“大騩”是山名，在今河南新郑西南。此为 9 斤权，每斤合 255.5 克。

January

2019

Saturday

星期六

19

2019 年 1 月 19 日

农历戊戌年 · 十二月十四

秦·瓜棱形单诏铜权

秦代铜权，现藏于中国国家博物馆。高 8.5 厘米、底径 12 厘米，重 4995 克。棱间刻秦始皇二十六年（前 221 年）诏书 14 行，铸造时经过精心设计。秦权的重量有 4 钧 (120 斤)、1 钧 (30 斤)、20 斤、16 斤、9 斤、8 斤、5 斤、1 斤数种。此为 20 斤权，折合每斤为 249.8 克。

大寒

January

2019

Sunday

星期日

20

2019 年 1 月 20 日

农历戊戌年·十二月十五

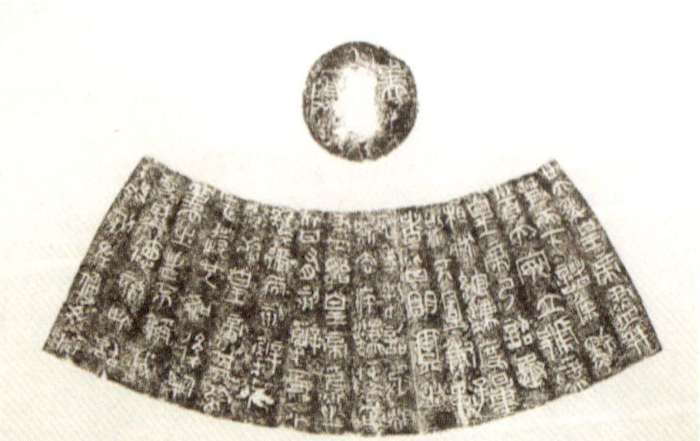

秦·“美阳”铜权

秦代铜权，现藏于上海博物馆。钟形，空腔，平顶上有鼻钮，体有瓜棱 17 道。高 7.1 厘米、底径 5.6 厘米，自重 240 克。权鼻钮左右篆刻“美阳”二字，棱面刻秦始皇二十六年（前 221 年）诏书 7 行和秦二世元年（前 209 年）诏书 10 行。

January

2019

Monday

星期一

21

2019 年 1 月 21 日

农历戊戌年·十二月十六

廿六年，皇帝盡并兼天下諸侯，黔首大安，立號為皇帝，乃詔丞相狀、綰，灋度量則不壹歉疑者，皆明壹之。

秦 · 始皇诏方升

秦代壹升铜量，现藏于上海博物馆。长 18.7 厘米、深 2.51 厘米、宽 6.897 厘米、内口长 12.47 厘米，容积 215.65 毫升。此升与商鞅方升形制相同，尺寸接近，应是尽力仿制商鞅方升而铸造，较商鞅方升深度多 0.2 厘米，容积比商鞅方升略大。外壁一侧刻秦始皇二十六年（前 221 年）诏书三行。

January

2019

Tuesday

星期二

22

2019 年 1 月 22 日

农历戊戌年 · 十二月十七

秦·两诏铜椭量

秦代铜量。上图铜量 1982 年出土于陕西礼泉县药王洞乡南晏村，现藏于陕西历史博物馆。体呈椭圆形，高 6.6 厘米、长 23.3 厘米。器外壁两侧分别刻有两组相同的秦始皇二十六年（前 221 年）诏书文，器底刻有秦二世元年（前 209 年）诏文。文字清晰，保存完好。下图为南京博物院藏秦铜量。高 5 厘米，面径、底径为 10 厘米、8.8 厘米。诏文也刻于量器外壁。

January　　　　Wednesday

2019　　　　星期三

23

2019 年 1 月 23 日　　农历戊戌年・十二月十八

秦·始皇二十六年诏书铁权

秦代单诏铁权，1986 年出土于河南宝丰商酒务乡古城村，现藏于河南博物院。生铁铸造，半球状，实心，平底。通高 15.80 厘米、直径 25 厘米，顶部有一圆拱形桥钮，钮长 15.5 厘米。器身及底部有斑驳的锈痕。腹部铸有秦始皇二十六年（前 221 年）诏书文。整器重约 30 千克。秦制 1 斤约相当于现在的 250 克，30 千克为秦制的 120 斤，即秦制 1 石的重量。

January

2019

Thursday

星期四

24

2019 年 1 月 24 日

农历戊戌年・十二月十九

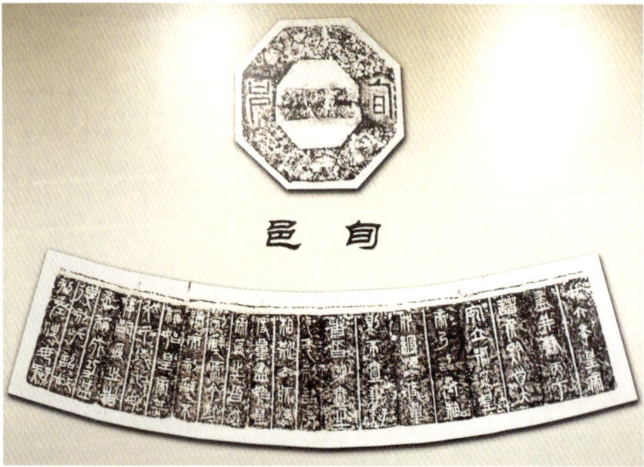

秦·“旬邑”铜权

秦代铜权，现藏于天津博物馆。高 6.56 厘米、面径 8.46 厘米、底径 9.6 厘米，重 2300 克。八角棱体，正视截面呈梯形，中空，器顶口有一长方形横梁。横梁两侧有阳文篆书“旬邑”。旬邑为地名，在今陕西境内。权体八面刻秦始皇和秦二世诏书，书体为小篆，系秦为统一度量衡而颁发的标准衡器。

January

2019

Friday

星期五

25

2019 年 1 月 25 日

农历戊戌年 · 十二月二十

汉·“平都”犁斛

西汉铜量器，现藏于天津博物馆。高6.5厘米，内口径18.5、9厘米，器重707克，容量645毫升。短柄中空，器壁和口沿稍有断裂。器外一侧以较大篆体铭刻“元年十月甲午，平都戌、丞纠、仓亥、佐葵，犁斛”，旁刻小字“容三升少半升，重二斤十五两”。另一侧刻“平都”二字。其中“平都”为县名，故城在陕西子长县境内。平都县令名“戌”，县丞名“纠”，仓吏名“亥”，仓佐名“葵”，是管理督造量器的各级官吏。“少半升”意为三分之一升，“容三升少半升”指容量为三又三分之一升，相当于一斗的三分之一。“三升少半升”粮正好与戍卒的每顿口粮相吻合，可知此犁斛是当时称量戍卒口粮的专用量器。

January

2019

Saturday

星期六

26

2019 年 1 月 26 日

农历戊戌年 · 十二月廿一

汉·“上林共府”铜升

西汉铜量器，现藏于天津博物馆。全长 16 厘米、高 4.5 厘米、口径 9.2 厘米，容积为 200 毫升，重 321.3 克。圆口平底，有握柄。外壁刻铭文 4 行、22 字：“上林共府。初元三年受琅琊。容一千，重斤二两，工师骏造。”上林是汉时宫苑，在长安附近，“共府”同“供府”，是供应谷物的府仓。“受琅琊”意为接受琅琊郡贡献。初元三年（前 46 年）是汉元帝的年号。“工师”是造器者，“骏”为其私名。汉代量器上刻监造者、时间、用途、量值等铭文，反映出“物勒工名”与工官监造制度的紧密联系。

January

2019

Sunday

星期日

27

2019 年 1 月 27 日

农历戊戌年・十二月廿二

汉·“三钧”铁权和铜撮

汉代量器。上图为西汉铁权，1968 年出土于河北满城汉墓，现藏于河北博物院。高 19 厘米、底径 17.5 厘米， 经实测重 22.49 千克。权上部铸有“三钧”二字。汉制一钧等于 30 斤，三钧为 90 斤，每斤约合今天的 249.9 克。下图为河南南阳市文物考古研究所藏汉代铜撮，分为大中小三件，口径依次为 3.2、1.8、1.3 厘米。撮是古代的一种容量单位，一撮的容量是 256 粒黍，古人以此计量药量。

小年

January

2019

Monday

星期一

28

2019 年 1 月 28 日

农历戊戌年・十二月廿三

汉·错金铁尺

西汉铁尺，1968年出土于河北满城汉墓。长23.2厘米、宽1.2厘米、厚0.25厘米。出土时断为三截，锈蚀较为严重，两端各有一小圆孔，可以系带。两面有错金云纹，均有刻度。一边刻出距离相等的十寸，另一边除刻出距离相等的十寸外，还在第三寸刻三等分，第五寸刻五等分，第七寸刻七等分，第九寸刻九等分，其余各寸未刻分。尺星为错金三角形小点，可能具有特殊用途。原件藏于中国社会科学院考古研究所，河北博物院展出的为复制品。

January

2019

Tuesday

星期二

29

2019 年 1 月 29 日

农历戊戌年・十二月廿四

汉·新莽铜方斗

汉新莽铜量，现藏于中国国家博物馆。新莽（8 ~ 23 年）指王莽建立的新朝，是划分东汉和西汉的标志之一。全长 23.92 厘米、高 11 厘米、口长 14.75 厘米、宽 14.77 厘米，容积为 1940 毫升。上口部边缘横刻篆书铭文："律量斗，方六寸，深四寸五分，积百六十二寸，容十升，始建国元年正月癸酉朔日制。"另四壁铸有凤纹及嘉禾、嘉麻、嘉麦、嘉豆、嘉黍图形和文字，铸造工艺精湛。始建国元年（9 年）为王莽年号。新莽时期以 16.2 立方寸为一升，与战国秦商鞅方升自铭 16.2 立方寸为一升相合，说明自秦统一后度量衡制曾长期处于稳定状态。

January

2019

Wednesday

星期三

30

2019 年 1 月 30 日

农历戊戌年 · 十二月廿五

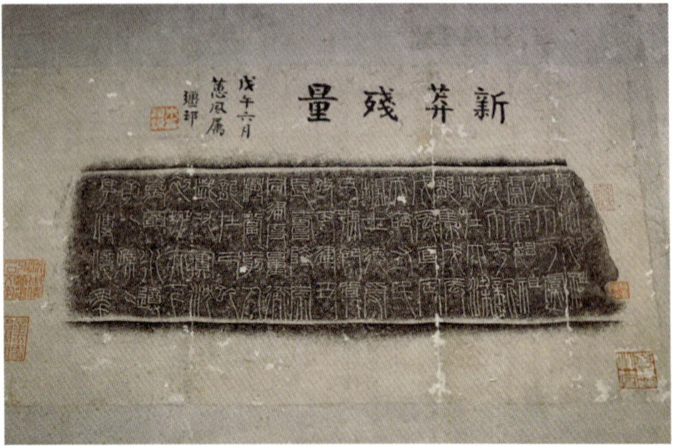

汉·新莽残量拓片

汉新莽嘉量诏书拓片，展于桂林博物馆。初始元年（8 年）王莽篡汉后，改国号为“新”，并开始进行全面的社会改革。始建国元年（9 年），为了全国各地称量五谷等容器有统一标准，命人依照刘歆的考订，铸造了一件组合性量器，定名为“嘉量”。“嘉量”出自《周礼·考工记·桌氏》，“嘉量既成，以观四国”。嘉量外壁正面以悬针体小篆铭刻王莽诏书 81 字，字体挺拔俊美，代表了秦汉篆书的最高水平。

January

2019

Thursday

星期四

31

2019 年 1 月 31 日

农历戊戌年・十二月廿六

二月·衡之用

元·“卖鱼图”壁画

FEBRUARY

战国 · 骨尺

战国量具，1976 年出土于河北廊坊文安县小赵村，现藏于廊坊博物馆。骨制，一面略作修整，另一面有刻度和纹饰。战国时各国尺长短不一，并有大尺、小尺之别。楚尺长 22.7 厘米。秦尺小尺长 23.1 厘米，大尺长 27 厘米。据商鞅铜方升实测，经折算等于 23.2 厘米，接近 23.1 厘米的小尺长度。

February

2019

Friday

星期五

1

2019 年 2 月 1 日 农历戊戌年·十二月廿七

汉·铜尺

汉代量具。上图鎏金铜尺 1985 年出土于陕西汉中铺镇砖厂汉墓，现藏于陕西历史博物馆。铜质，外表鎏金。长 23.3 厘米。一半有五个等分刻度，另一半为素面。铺镇砖厂汉墓为一家族葬地，出土鎏金铜尺的 4 号墓还出土有鎏金削刀、银质手镯等，表明墓主人为女性。下图为河南龙门博物馆展出的汉代铜尺和量具。

February

2019

Saturday

星期六

2

2019 年　2 月 2 日

农历戊戌年 · 十二月廿八

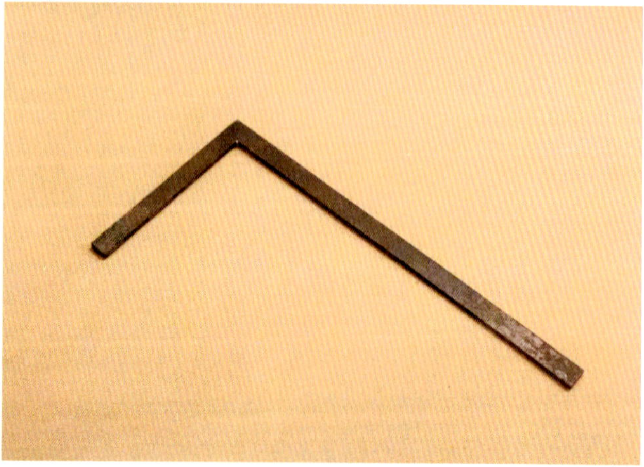

汉·铜矩尺

汉代铜量具，陕西延安子长县桃园村出土，现藏于陕西历史博物馆。“矩”是画方和测方的工具，上标刻度者为“矩尺”，也称拐尺、曲尺。《荀子·不苟》言“五寸之矩，尽天下之方”，可证矩尺用途广泛。矩尺一般不作为随葬品，故出土较少。

February

2019

Sunday

星期日

3

2019 年　2 月 3 日

农历戊戌年 · 十二月廿九

汉·象牙尺和骨尺

东汉量具。上图象牙尺 20 世纪 80 年代出土于山西朔州平朔煤矿汉墓，现藏于山西博物院。汉代出土木尺数量最多，但大多数残损不全。此象牙尺保存完好，两面用黑线绘波纹，两端各绘十字菱形纹，一端的菱形纹中央有一穿孔，两侧有刻度。其中一尺长 23.8 厘米，约合今 0.684 市尺；另一尺合今 0.714 市尺。下图骨尺 1981 年出土于河南洛阳市玻璃厂汉墓，现藏于洛阳博物馆。长 23.3 厘米、宽 1.36 厘米。正反两面皆线刻尺寸。全尺十等分，以圆圈表示，刻度清晰，保存完整。

除夕 立春

February

2019

Monday

星期一

4

2019 年 2 月 4 日

农历戊戌年 · 十二月三十

清·仿新莽嘉量

清代礼器。在北京故宫太和殿和乾清宫前的丹陛上陈设有乾隆时期铸造的铜制镀金嘉量，固定在汉白玉石亭内。嘉量的母本是新莽铜嘉量。王莽嘉量看似简单，实际是精密组合件，有斛、斗、升、合、龠五个相互配合的容量单位，二龠为合，十合为升，十升为斗，十斗为斛。每个量详细铭刻该器的径、深、底面积和容积，是国家法定的标准量器。“列于大庭”的嘉量是清帝国法制一统的象征。

春節

February

2019

Tuesday

星期二

5

2019 年　2 月 5 日

农历己亥年 · 正月初一

三国·吴木尺

三国（一说六朝早期）量具，2004 年 4 月在江苏南京仙鹤街皇册家园工地出土，现藏于南京博物院。汉以后出土的铜质尺明显减少，多被骨、木质尺代替。三国尺的形制单一，纹饰锐减，当是民间实用器具。较之前代，尺的分、寸刻线分度准确，长略有增长，在 24 ~ 24.5 厘米。

February

2019

Wednesday

星期三

6

2019 年　2 月 6 日

农历己亥年 · 正月初二

西晋·象牙尺

西晋量具，江苏南京评事街出土，现藏于南京博物院。《隋书·律历志》记："晋后尺实比晋前尺一尺六分二厘。"晋后尺是晋代官民用尺，经折算合今 24.5 厘米。目前所见两晋各种材质的尺，尺长 24.15~24.5 厘米。周尺、秦尺长 23.1 厘米，西汉错金铁尺长 23.2 厘米，东汉骨尺、牙尺长 23.3 厘米，可见古代尺的长度在缓慢增长。

February

2019

Thursday

星期四

7

2019 年 2 月 7 日

农历己亥年・正月初三

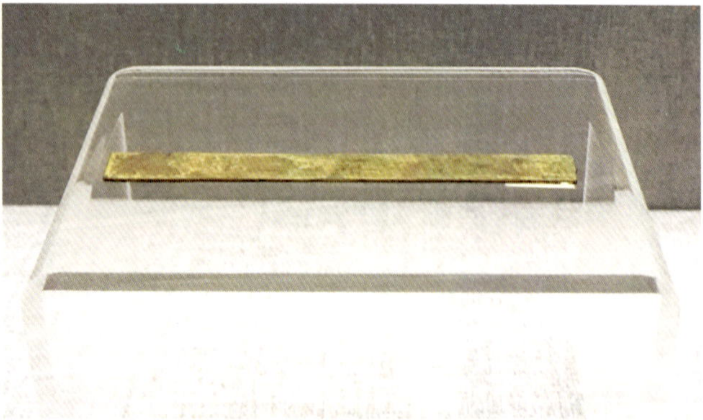

唐·铜尺

唐代量具。上图蔓草纹鎏金铜尺 1964 年出土于河南洛阳，现藏于洛阳博物馆。铜质，表面鎏金，残长 24 厘米，约 8 寸，每寸间刻双线，寸格内刻花卉、山、云等图案。背面刻牡丹纹。实测 7 寸长 21.57 厘米，推算一尺合 30.81 厘米。唐尺有大小制之分，日常所用为大尺，天文、乐律用小尺。此为唐代大尺。下图为大唐西市博物馆藏唐刻花铜尺。

February

2019

Friday

星期五

8

2019 年 2 月 8 日

农历己亥年・正月初四

宋·木尺

北宋量具，1921 年出土于河北巨鹿北宋古城，现藏于中国国家博物馆。长 42.8 厘米、宽 2.7 厘米。两端有孔，标刻长一尺三寸：正面刻十寸，半寸处有刻度，五寸处刻三角纹；尚余一段，背面刻三寸。据此折算，一尺为 32.9 厘米。与此尺同时出土的还有两把矢矩木尺，一把长 30.9 厘米、宽 1.9 厘米，一把长 32.9 厘米、宽 2.7 厘米，均为民间用尺。

February

2019

Saturday

星期六

9

2019年 2月9日

农历己亥年·正月初五

宋・木尺

宋代量具，1964 年出土于江苏南京孝陵卫街北宋墓，现藏于南京博物院。木制，长 31.4 厘米、宽 2.4 厘米、厚 0.8 厘米。正面刻十寸。宋代除了重量单位仍用十六两为一斤外，其他单位都采用了十进位制。另宋代沿袭唐制，官尺由太府寺掌造，主要用来征收布帛，故又称为三司布帛尺，每尺长约 31.6 厘米。

February

2019

Sunday

星期日

10

2019年 2月10日

农历己亥年·正月初六

宋·“嘉祐元年”铜则

北宋标准铜砝码，1975年出土于湖南湘潭，现藏于中国国家博物馆。高30厘米、宽16厘米、厚20厘米，重64千克。扁体，平底，上部有一圆形穿孔。通体刻缠枝牡丹纹，一面刻“铜则重壹百斤，黄字号”，另一面刻“嘉祐元年丙申岁造”。嘉祐元年(1056年)是宋仁宗年号。“黄字号”是取自“天地玄黄”的编号。“铜则”意为标准器。《宋史·律历志》载：“黍累、铢各定一钱之则，其则用铜而铸文，以识轻重。”按自铭折算，每斤合640克。

February

2019

Monday

星期一

11

2019 年 2 月 11 日

农历己亥年·正月初七

宋・瓜棱形铜权

宋代铜权，现藏于中国国家博物馆。权也称秤锤、秤砣，与衡（秤杆）相佐，用于称重，并形成权衡理念和相关制度。汉司马迁《史记》中有“平权衡，正度量，调轻重”之言。权的材质主要为石、铜、铁、陶、瓷等，造型多样。瓜棱形器物在宋代较流行，宋代瓷器也多见瓜棱形。

February

2019

Tuesday

星期二

12

2019 年　2 月 12 日

农历己亥年 · 正月初八

金·“典字号”铜则

金代标准铜砝码，1978 年在北京复兴门外工地发现，现藏于首都博物馆。高 5 厘米，面径、腰径分别为 10、11 厘米，重 3962.58 克。紫铜质，鼓形，正面刻圈线、缠枝和牡丹纹，花卉中间有方格线，格中刻双钩铭文“大定十五年造典字号”及点刻“尚方署”。背面纹饰与正面近似，格内刻双钩铭文“壹百两”。大定十五年(1175 年)为金世宗年号，“典”是按《千字文》的编号，“尚方署”属少府监，主造皇室所用金银器及其他器物。据铭文，此铜则是尚方署为皇室制造器物时的标准测重砝码。

February

2019

Wednesday

星期三

13

2019 年　2 月 13 日

农历己亥年・正月初九

元·“卖鱼图”壁画

元代壁画中执秤官秤鱼场景。此为山西洪洞广胜寺水神殿（明应王殿）壁画局部，绘于元泰定元年（1324 年），系出自当地匠师之手。水神殿内四壁绘有 13 幅壁画，“卖鱼图”绘于殿内东壁“梳妆图”左下方。主体场景表现执秤杆的官员与渔翁交易。执秤官右手提秤系，左手摆弄秤砣，两眼紧盯秤星。渔翁上着黄衫，下穿白裤，腰带中别一把长柄弯钩，右手提着两条鲜鱼，生动勾画出元代商品交易的普遍及世俗生活景象。

February　　Thursday

2019　　星期四

14

2019 年　2 月 14 日　　农历己亥年・正月初十

元·“至元元年”铜权

元代铜权，1993 年出土于湖南桃江县洪桥头乡洪桥头村砖瓦厂，现藏于湖南省博物馆。青灰色，方环鼻，束腰。高 22 厘米、底径 13 厘米。正面刻“至元元年”（1264 年），左侧有“皇”字，背面有“潭州路造”。元代中央政府对度量衡实行严格管理，各行政区均以铜制权，并铸刻路、府、州名或年号铭文。

February

2019

Friday

星期五

15

2019 年　2 月 15 日

农历己亥年·正月十一

元·“至元十八年”铜权

元代铜权，现藏于桂林博物馆。前排中间的六棱形铜权 20 世纪 70 年代出土于临桂县两江。高 9.1 厘米、宽 4.3 厘米、厚 3.2 厘米，重 538.6 克。铭文为“至元十八年官十潭州路造”。至元十八年为 1281 年，潭州路在今湖南长沙。后权高 8.3 厘米、底径 4.2 厘米，刻“全州路造”；左权高 10.3 厘米、底径 5.2 厘米、腹径 4.7 厘米；右权高 6.6 厘米、底径 3.2 厘米、腹径 3.3 厘米。

February

2019

Saturday

星期六

16

2019 年　2 月 16 日

农历己亥年 · 正月十二

元·“至元二十四年”铜权

元代铜权，现藏于宁夏回族自治区博物馆。钮缺失，高约10.5厘米，铭刻“至元二十四年（1287年）官造”“开成路”等字。元代铜权多见铭刻，铭文少则数字，多者十余字，主要内容有纪年、铸地、匠人、量铭、校验标字等，以汉文为多见，也有汉文与八思巴文等同时铭刻者。

February

2019

Sunday

星期日

17

2019 年　2 月 17 日

农历己亥年 · 正月十三

元 · “元贞二年”铜权

元代铜权，现藏于天津博物馆。正面铭“元贞二年大都路造”，侧面刻民族文字。元贞二年（1296 年）为元成宗年号。据《元史》记载，大都路，元初为燕京路，总管大兴府，至元元年（1264 年）改为中都，至元九年改中都为大都，至元二十一年立大都路总管府。治所在今北京市。元代政府鼓励商贸，在铜权上铸刻汉文、回鹘蒙文、八思巴文和波斯文，以适应各国、各民族商人经商的需要。

February

2019

Monday

星期一

18

2019 年 2 月 18 日

农历己亥年 · 正月十四

元·“大德八年”铜权

元代铜权，现藏于中国国家博物馆。高 12 厘米、宽 4.1 厘米、底长 6.5 厘米，重 1275 克。正面铸“大德八年大都路造”，背面铸“五十五斤秤”和八思巴文“二斤锤”。其余四面分别铸回鹘蒙文和波斯文“五十五斤秤”和“二斤锤”。大德八年（1304 年）为元成宗年号。按“二斤锤”（1275 克）推算，每斤为 637.5 克。

雨水

元宵

February

2019

Tuesday

星期二

19

2019 年 2 月 19 日

农历己亥年·正月十五

元·“皇庆元年”铜权

元代铜权，现藏于首都博物馆。元代铜权一般由权钮、权身和权座三部分组成。根据权身形状，大体可分为椭圆形和六面体两类。现所见元代铜权，六面体的数量远多于椭圆形的。权上所刻“皇庆元年”（1312 年）为元仁宗年号。元代改年号时会将铸造器具颁至全国。《元典章》规定:“凡斛斗秤尺，须行使印烙。官降法物。”元代铜权或由路铸，或由路监州而铸。

February

2019

Wednesday

星期三

20

2019 年　2 月 20 日

农历己亥年 · 正月十六

元·“延祐元年”铜权

元代铜权，现藏于临沂市博物馆。方环鼻，权身为扁六棱形，上小下大，束腰。通高 9.8 厘米，重 435 克。权正面铭刻“延祐元年”（1314 年），背面刻“教同”，左侧刻“忻州”，右侧刻“益都路”。据《元史·地理志》记载：“益都路，唐青州，又升卢龙军。宋改镇海军。金为益都路总管府。……领司一、县六、州八。”治所在今山东青州市，管辖范围包括山东半岛西部的广大地区。“教同”之“教”与“较”字相通，是政府核定重量的印证。

February

2019

Thursday

星期四

21

2019 年　2 月 21 日

农历己亥年 · 正月十七

元·铜权

元代铜权，现藏于平泉市博物馆。上排3枚造于大德年间（1297～1307年）。右权通高10.6厘米，重800克。正面有“大德元年，大都路造”2行汉字，左侧铸阿拉伯文，右侧铸波斯文；背面铸“五十五斤秤”汉字，左侧为蒙文、阿拉伯文，右侧铸波斯文。中间权通高8.2厘米，重420克，正面铸“大德元年”，背面铸为“大都路”。下排铜权造于至正年间（1341～1367年）。左一铸有“至正四年，皇甫”铭文。左二铸铭“南京皇甫”。中间权高10.5厘米，重700克。正面铸“至正元年，大都路造”，背面铸“□□五斤秤”及1行蒙文。右二通高10.5厘米、腹径5厘米，重690克。正面铸“至正二年”，背面铸“益都路造”。右一通高11.5厘米，重1225克。正面为“至正四年，大都路造”2行汉字，左侧有阿拉伯文，右侧为波斯文。背面铸“五十五斤秤”5字，左侧为蒙文、阿拉伯文，右侧为波斯文。阿拉伯文似为人名。

February

2019

Friday

星期五

22

2019 年 2 月 22 日

农历己亥年 · 正月十八

元·“至正四年”铜权

元代铜权，现藏于首都博物馆。一面刻“至正四年，天一号”。“至正四年”（1344 年）为元顺帝年号。元代铜权形制规整、实用，普遍重量在 1 千克以下，日常交易中与杆秤配合使用。通过权上的铭文，可知元代的杆秤量程以 16 斤、25 斤、35 斤、55 斤为主。元代铜权传世、出土数量较多，说明元代应是杆秤使用最频繁的时期，也暗示元代商业交易的繁荣。

February

2019

Saturday

星期六

23

2019 年 2 月 23 日

农历己亥年 · 正月十九

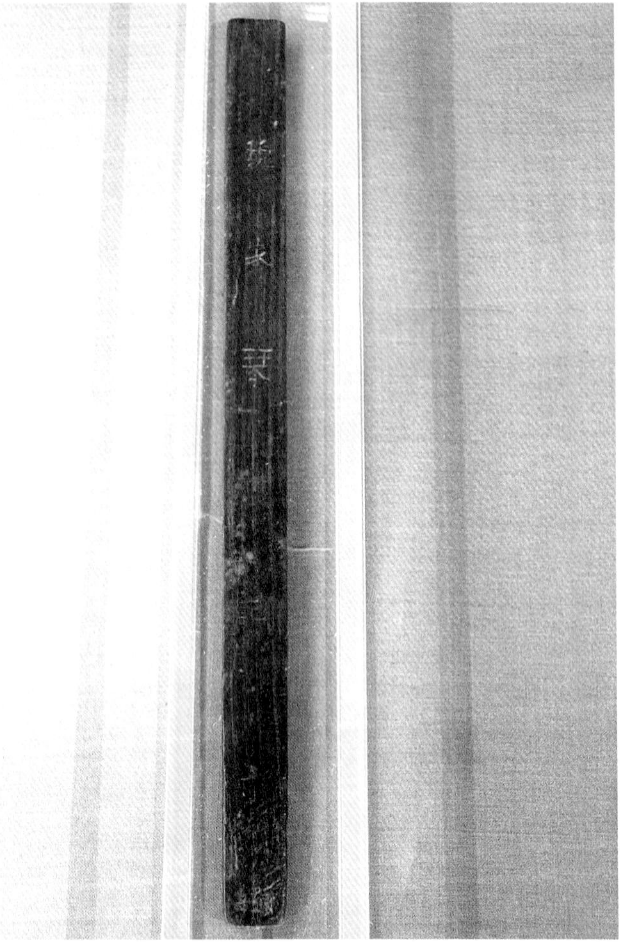

明・木尺

明代官尺，江苏南京出土，现藏于南京博物院。长 31.3 厘米，与明代工部颁行的尺的长度一致。尺为扁长条形，木色黝黑，正面标有刻度，包括十分之一寸、二分之一寸和寸，全长十寸，在五寸的位置加刻“×”形符号以示突出。木尺背面有“魏家琴记”四字铭文。

February

2019

Sunday

星期日

24

2019 年　2 月 24 日

农历己亥年 · 正月二十

明・万历戥子和长洲县校准码

明代标准器，现藏于中国国家博物馆。紫檀木杆长 42 厘米。砣和盘为白银制，砣高 5.5 厘米，重 144.1 克，盘径 10.6 厘米。砣底部刻“万历年造”。杆三面嵌银星分度，有三钮，刻度精准，是称金银、药品等的小衡器。推算每斤合 572.8 克。砝码长 4.85 厘米、宽 2.8 厘米、厚 1 厘米，重 109.3 克。正面刻“叁两”。这是始于明代的集装式砝码中的一枚，全套原装在一铜盒内，铜盒本身重 131 克，作四两砝码用。盒四面和底部刻：“长洲县押、吴县押两县会同，当堂校准，拾两抄颁。天启叁年捌月拾捌日给，匠陈爵造。”天启三年（1623 年）是明熹宗年号。按自铭，每两合 36.4 克，每斤合 582.9 克。

February

2019

Monday

星期一

25

2019 年 2 月 25 日

农历己亥年・正月廿一

清·“嘉庆十年”铁权

清代铁权，现藏于中国国家博物馆。高 14.5 厘米、宽 9.8 厘米。铁权上有便于系绳的孔，并铸“嘉庆十年(1805 年)十一月官秤”。这种衡器在中国使用的时间较长，现在仍可见于一些城镇。

February

2019

Tuesday

星期二

26

2019 年 2 月 26 日

农历己亥年 · 正月廿二

清·石质官砝

清代盐政管理专用的石质砝码。上图为廊坊博物馆藏，制作于道光二十九年（1849 年），长、宽、高依次为 73、32、49 厘米，重 206 千克。一侧纵刻“清道光二十九年辅源店北盐官砝”字样。下图为首都博物馆藏，正面刻“恩成公柜官砝”，出土于北京市崇文区北五老胡同五老茶商旧址。1986 年在崇文区还发现过另一形制、尺寸接近的石砝，一面刻有“恩成公柜总店官砝”，一面刻“光绪丙午秋置”，制作时间为光绪三十二年（1906 年）。恩成公盐柜在北京南城珠市口东大街路南，据传由查氏盐商经营，当时垄断全城官盐销售。

February

2019

Wednesday

星期三

27

2019 年 2 月 27 日

农历己亥年・正月廿三

清・日晷

清代计时器。北京紫禁城中重要宫殿前面均置有日晷，除午门、太和殿、乾清宫、坤宁宫外，东北的皇极殿、养性殿、颐和轩，西边的养心殿、慈宁宫等建筑物前均有石质日晷。日晷由圆形晷盘和一根铜制晷针组成，盘双面均刻划有 12 个时辰，利用日光照射指针在晷盘上的投影标示时间。春分始观测太阳在上盘面的投影，秋分始观测太阳在下盘面的投影。记天时、行历法是国家要政。以日晷为标志“授时行历”，也成为统治天下的一种手段，蕴藏着不可忤逆的政治信念。

February

2019

Thursday

星期四

28

2019 年 2 月 28 日

农历己亥年·正月廿四

三月·玺之政

唐·渤海“天门军之印”

MARCH

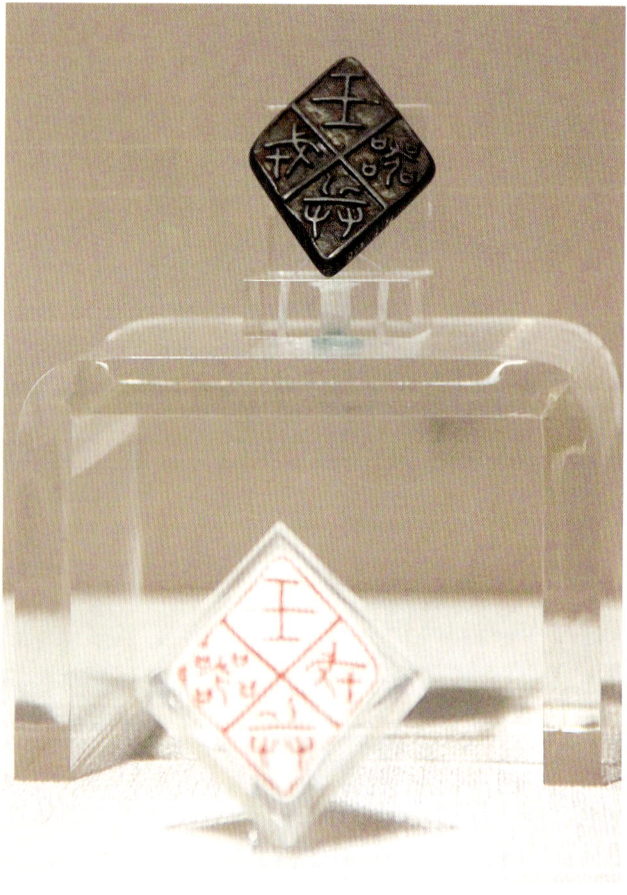

春秋·秦“王戎兵器”铜玺

春秋时秦国官玺，陈介祺旧藏，现藏于天津博物馆。铜质。长 4.8 厘米、宽 3.3 厘米、高 1.9 厘米，鼻钮，棱形，背部饰蟠虺纹，正面为大篆“王戎兵器”四字。铭文意为王军旅所用戎（兵）器，系在军中发放兵器的文书上封缄所用。为现存最早的官玺，也是传世玺印中唯一的春秋铜玺。

March

2019

Friday

星期五

1

2019 年　3 月 1 日

农历己亥年・正月廿五

战国 · 齐“平阿左廪” 铜玺

战国时齐国官玺，现藏于天津博物馆。长 2.8 厘米、宽 2.7 厘米、高 1.2 厘米，印文“平阿左廪”四字形制工整，字体深，有阴刻边框，是战国时期的典型官印。平阿在今山东阳谷县东北，战国时属齐国。此印为平阿地方管理米仓官员的印信。

March

2019

Saturday

星期六

2

2019 年 3 月 2 日

农历己亥年・正月廿六

战国·齐“易都邑聖徙盐之鉩”铜玺

战国时齐国官玺，现藏于中国国家博物馆。高 2.2 厘米，印面有“易都邑聖徙盐之鉩”八字。“鉩”同“玺”。《尔雅·释书契》云：“玺，徙也，封物使可转徙，而不可废也。”印文中的“易都”即山东沂水流域之阳都，战国时为齐国城邑。

March

2019

Sunday

星期日

3

2019 年 3 月 3 日

农历己亥年·正月廿七

战国·晋“长平君相室鉨”玉玺

战国时三晋官鉨，现藏于天津博物馆。白玉质。覆斗钮，边长 3.3 厘米、高 1.1 厘米，印面镌“长平君相室鉨”六字。“长平君”为人名，“相室”为官职。人名与职名连署，在古玺中较少见。

March

2019

Monday

星期一

4

2019 年　3 月 4 日

农历己亥年・正月廿八

战国·楚“勿正关鉨”铜玺

战国时楚国官鉨，现藏于天津博物馆。鼻钮，铸阳文“勿正关鉨”四字。“正”通“征”，“勿正关”是“勿征于关”之省语。此玺属于楚国掌管关税的官员，为通过关卡时免征货税的官方凭证。玺文可与楚“鄂君启铜节”“得其金节则勿征”的铭文及《管子·小匡》所载货物通关时不征税的内容相印证，是研究楚国税制的珍贵资料。

March

2019

Tuesday

星期二

5

2019 年　3 月 5 日

农历己亥年・正月廿九

战国·秦“右庶长之玺”铜玺

战国时秦国官鉨，现藏于青州博物馆。边长 6.3 厘米，印面镌“右庶长之玺”五字。商鞅变法前秦国设有大庶长、右庶长、左庶长、驷车庶长，四庶长既是爵位又是官职。商鞅变法后，各庶长实权被削弱，虚化为军功爵位，在秦二十等爵制中，右庶长列第十一级。此印对研究秦的官职改革较有意义。也有学者认为此印尺寸偏大，印文为大篆，与战国时秦国通行的小篆不符，系伪造。

惊蛰

March

2019

Wednesday

星期三

6

2019年 3月6日

农历己亥年·正月三十

秦·“琅琊侯印”封泥

秦代印封泥，山东临淄出土，现藏于山东博物馆。封泥又叫作“泥封”，表面留有“琅琊侯印”四字痕迹。《尔雅·释书契》云:“印，信也，所以封物为信验也。”秦代设三十六郡，琅琊郡为其一，辖今山东省东南部。玺印流行始于战国时期，主要用来钤印封泥，即以细泥封存简牍或物件，泥上盖印以示未开封，防止私拆。

March

2019

Thursday

星期四

7

2019年 3月7日

农历己亥年·二月初一

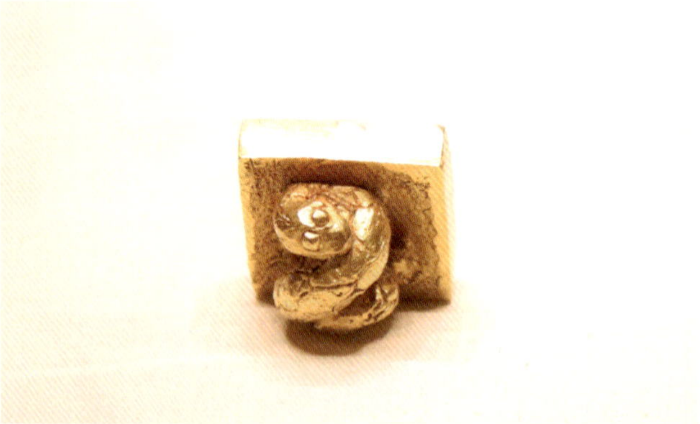

汉·“滇王之印”

西汉金印，1956 年出土于云南晋宁石寨山汉墓，现藏于中国国家博物馆。高 1.8 厘米、边长 2.3 厘米，重 89.5 克。蛇钮，钮与身为分铸后焊接而成，印面凿刻篆书“滇王之印”四字。《史记·西南夷列传》载，汉武帝元封二年（前 109 年）在滇国设置益州郡，赐滇王王印，使滇王继续享有统领权。今晋宁在汉代属益州郡。按规制，汉代廷所赐金印应由滇王世代相传，不会用来随葬。此印制作潦草，当是据真印仿刻随葬。

March

2019

Friday

星期五

8

2019 年 3 月 8 日

农历己亥年 · 二月初二

汉·“窦绾”铜印

西汉铜印，1968年出土于河北满城汉墓，现藏于河北博物院。高0.8厘米、边径2厘米。两面印文，一面作“窦绾”，另一面作“窦君须”，分别为印主的名和字。窦绾为中山靖王刘胜（前165～前113年）的妻子，其生平名号史无记载。印文方折规整、布局严谨，是西汉中期私印风范的代表。

March

2019

Saturday

星期六

9

2019 年 3 月 9 日

农历己亥年 · 二月初三

汉·“万石”仓印

西汉木质官印，内蒙古额济纳旗甲渠候官治所遗址出土，现藏于甘肃省文物考古研究所。松木质，长方形，四角打磨成圆角。长15厘米、宽12厘米，一面刻“万石”二字。云梦秦简《效律》规定，县仓“入禾，万石一积而比黎之为户”，即粮食入仓，以“万石”为一仓。汉承秦制，粮仓管理制度相当严密。甲渠候官遗址又称破城子，候官是边塞烽燧防御系统的基本组织，级别相当于县。“万石”仓印为当时军队粮仓管理的物证。

March

2019

Sunday

星期日

10

2019 年 3 月 10 日

农历己亥年 · 二月初四

汉·“纳言右命士中”“中垒左执奸”铜印

汉新莽官印，现藏于天津博物馆。两印均龟钮。左印刻“纳言右命士中”六字。王莽时“更名大司农曰羲和，后更为纳言”，即将西汉执掌财政的大司农改名“纳言”。“命士”也为王莽时新设官职，左、右并置，助纳言管理交易税赋事。“中”是人名。右印边长 2.35、2.3 厘米，铸“中垒左执奸”五字。“中垒”原为中尉（执金吾）属官，汉武帝时从中尉下分出而升为校尉。“执奸”一官不见于文献，但《汉书·王莽传》有“置执法左右刺奸”的记载。由此印得知“中垒”下设左、右“执奸”官，有执法、刺奸之责，对研究当时的法制和官制有重要意义。

March

2019

Monday

星期一

11

2019年 3月11日

农历己亥年·二月初五

汉·官印

汉代印章。自左往右依次为：南阳市文物考古研究所藏汉玉印、方城县博物馆藏西汉“裨将军印”银印、南阳市博物馆藏“棘阳邑丞”铜印、南阳市博物馆藏“校尉之印”铜印。上图左二“裨将军印”龟钮，边长 2.4 厘米、通高 2.3 厘米。“裨将”为副将，也泛称为将军。上图右二“棘阳邑丞”铜印重 48 克。汉高祖七年（前 200 年）置棘阳县，因位于棘水（今南阳市溧河）以东故名“棘阳”，隶属于南阳郡。邑丞即县丞。汉时每县各置丞一人，负责文书、仓库管理等事。

March

2019

Tuesday

星期二

12

2019 年 3 月 12 日

农历己亥年・二月初六

汉·“汉匈奴归义亲汉长”印

东汉铜质官印，1979 年出土于青海大通县后子河乡上孙家寨村一号汉墓，现藏于中国国家博物馆。方座，驼钮。通高 2.9 厘米（钮高 2.1 厘米）、边宽 2.3 厘米，篆刻“汉匈奴归义亲汉长”八字。印中所称匈奴指起源于甘肃张掖一带的匈奴别部“卢水胡”。“归义”意为归顺，“亲”以示友好，“长”为官职。东汉中央政府赐给少数民族首领、官员的官印形式为首署“汉”字，下为民族名，再下为“归义”等封号和官职，并饰以屈肢跪式驼钮，寓臣服之意。

March

2019

Wednesday

星期三

13

2019 年　3 月 13 日

农历己亥年 · 二月初七

汉·“汉归义羌长”印

东汉铜质官印，1953 年出土于新疆沙雅县于什格提古城，现藏于中国国家博物馆。正方形，卧羊钮，高 3.5 厘米、边长 2.3 厘米。东汉官印多为 2.3 厘米，为汉制 1 寸，即汉人常说的“方寸之印”。汉代官印多随身佩戴以证明身份，同时用于封缄简牍。印面篆刻“汉归义羌长”五字。在汉代西域昆仑山北麓分布有羌族，称南山羌。此是汉代廷赐给羌族首领的官印。

March　　Thursday

2019　　星期四

14

2019 年　3 月 14 日　　农历己亥年 · 二月初八

汉·“汉归义賨邑侯”金印

汉代金质官印，1890 年发现于重庆奉节县，现藏于中国国家博物馆。驼钮，高 2.5 厘米、边长 2.3 厘米。篆刻“汉归义賨邑侯”六字。賨人即巴人。此是东汉朝廷颁赐賨人首领的印信。自汉代开始，印钮的设计制造渐趋规范化，常见有龟、驼、马、羊等印钮和不同颜色的绶带，以区别官员的等级。

March

2019

Friday

星期五

15

2019 年 3 月 15 日

农历己亥年 · 二月初九

汉·“君侯之玺”铜印

汉代铜印，现藏于天津博物馆。龟钮，铸“君侯之玺”四字。龟钮是汉代高级官吏佩印的钮式。“君侯”是对列侯的尊称，在汉官印中仅此一例。“玺”是印章最早的名称。秦以前，官、私印都称“鉨”。秦统一六国后在少府中设置“符节令丞”，专掌印章之事。秦制，皇帝印独称“玺”，玉质，臣民不能用玉印。汉承秦制，用印制度略宽，诸侯王、王太后之印可称“玺”。

March

2019

Saturday

星期六

16

2019 年 3 月 16 日

农历己亥年·二月初十

汉·“关内侯印”

汉代金印，1976年出土于山东新泰市东石莱，现藏于山东博物馆。龟钮，边长2.4厘米，印面镌“关内侯印”四字。“关内侯”是爵位名，秦汉时置，在二十等爵位中位列十九等，仅低于彻（列）侯，主要是对立有军功之将领的奖励。所谓“金龟紫绶，以彰勋则”（曹植《王仲宣诔》），正符此意。爵位可由受封者子孙世代相袭。

March

2019

Sunday

星期日

17

2019年 3月17日

农历己亥年·二月十一

西晋·“晋鲜卑归义侯”金印

西晋金质官印，内蒙古乌兰察布市凉城小坝子滩窖藏出土，现藏于内蒙古博物院。驼钮，高 2.25 厘米、边长 2.3 厘米，镌“晋鲜卑归义侯”六字，是西晋朝廷赐给鲜卑乌桓族首领的印信。与此印同出者还有“晋乌丸归义侯”和“晋鲜卑率善中郎将”等金印。

March

2019

Monday

星期一

18

2019 年　3 月 18 日

农历己亥年・二月十二

魏晋·官印

魏晋铜质官印，现藏于浙江杭州中国印学博物馆。左边是“部曲将印”。“部曲”是古代军队编制单位。东汉部与曲是上下两级关系。东汉末期出现了“部曲将”的军职，后普及于魏晋时期。《通典》卷一四九载曹操《步战令》：“督战部曲将，拔刃在后，察违令不进者斩之。”右边是“晋乌丸率善邑长”印。“乌丸”亦作“乌桓”，原与鲜卑同为东胡部落之一，以乌桓山名为族号。东汉时期形成了与内臣官号明显有别的外封武官制度，“归义”“率众”等名号多加诸王侯；“率善”主要针对中下级武官，使用更广泛。

March

2019

Tuesday

星期二

19

2019年 3月19日

农历己亥年·二月十三

西魏·“威烈将军印”

西魏银质官印，现藏于上海博物馆。“威烈将军”始置于三国吴，为统兵将领。北魏沿置，为正七品上，用以褒赏功勋。西魏的国号本是“魏”或“大魏”，是北魏国号的延续。北魏分裂后，分为西魏和东魏。西魏领有北魏洛阳以西的土地，建都长安，在地理位置上位于东魏的西面，故称。由于北魏尺度较汉尺长出二寸余，故北魏官印也有增长趋势。

March

2019

Wednesday

星期三

20

2019 年 3 月 20 日

农历己亥年 · 二月十四

隋·县印

隋代铜质官印，现藏于天津博物馆。左“观阳县印”边长5.3厘米、高3.5厘米，印背刻“开皇十六年十月五日造”。观阳县在今山东海阳市发城镇，以在观水之阳得名。自东汉以来几经兴废，隋开皇十六年（596年）复置，为牟州治。右“桑乾镇印”边长5.3厘米、高3.5厘米，印背刻“开皇五年正月十一日造”。在印背凿刻制作年月，可以有效管理印章，也是防伪的一种手段。

春分

March

2019

Thursday

星期四

21

2019年 3月21日

农历己亥年・二月十五

唐·县印及印匣

唐代铜官印及印匣，现藏于浙江省博物馆。左为“会稽县印”及印匣，绍兴出土；右为“金山县印”及印匣，湖州安吉出土。与秦汉官印不同，唐代官印由职官印转化为官署印，不再由官吏个人佩系，而是封贮管理。图中印匣两侧有供穿系的耳，匣盖与身有锁环对合，可加锁封闭，以防私用或非法钤印。唐官署印的使用主体是中央省、部、司和地方州、县，而军政兼职者如节度使、经略使、安抚使等印信仍署本官名。

March　　　　Friday

2019　　　　星期五

22

2019 年 3 月 22 日　　农历己亥年·二月十六

唐·“诸道盐铁使”铜印

唐代官印，现藏于河南洛阳博物馆。“诸道盐铁使”为官名，是唐代后期主管盐、铁、茶专卖及征税的官职。唐初不甚重盐利。“安史之乱”起，军用浩繁。乾元元年（758 年），第五琦以度支郎中兼御史中丞为诸道盐铁使，此为盐铁置使之始。盐铁使为财经要职，常以重臣领使，或由宰相兼任。

March

2019

Saturday

星期六

23

2019 年　3 月 23 日

农历己亥年 · 二月十七

唐·渤海“天门军之印”

唐代渤海国（698 ~ 926 年）官印，1960 年出土于黑龙江宁安县渤海上京龙泉府遗址，现藏于黑龙江省博物馆。铜质。印钮扁平，中穿孔呈桥状。通高 4.3 厘米（柄高 2.9 厘米），边长 5.25、5.3 厘米，厚 1.4 厘米。印文以汉字篆刻“天门军之印”五字，其形制、工艺等均属唐代官印范畴。《旧唐书·文宗本纪》载：“大和六年（832 年）十二月，内养王宗禹渤海使回，言渤海置左右神策军，左右三军一百二十司，画图以进。”由于渤海国的政治、职官、军事等制度仿唐建立，此印可作为研究唐代中央禁军的重要线索。

March

2019

Sunday

星期日

24

2019 年 3 月 24 日

农历己亥年 · 二月十八

五代·“元从都押衙记”铜印

五代后梁铜质官印，出土于河南开封，现藏于天津博物馆。背铸鼻钮，钮顶呈半圆形。印面长6.6厘米、宽4.8厘米、通高2.3厘米，阳文楷书“元从都押衙记”六字。“元从”为始于唐高祖时的“元从禁军”，凡被授予者，享有一定特权。“都押衙”为官名，“安史之乱”后藩镇割据，擅设衙官，衙将、衙官、都押衙等名目渐繁。“元从都押衙”系军帅亲重之官，多见于五代史书。五代官印传世稀少，此为我国所见最早楷书实用官印。

March

2019

Monday

星期一

25

2019 年　3 月 25 日

农历己亥年・二月十九

宋·“道州江华县巡检之印”

北宋官印，1976 年出土于湖南永州市江华故城（今沱江镇老县村西），现藏于湖南省博物馆。铜质。长 5.2 厘米、宽 5 厘米、厚 1.5 厘米，长方形钮。印面篆“道州江华县巡检之印”九字，背刻“熙宁七年”“少府监制”款。熙宁七年（1074 年）是神宗的年号，“少府监”是中央铸印机构。江华县置于唐高祖武德四年（621 年），唐隶营州（道州），属江南西道；宋隶道州。巡检是北宋设于州、县及河道沿海主管巡逻、捕盗、缉私的职官，受州、县节制。

March

2019

Tuesday

星期二

26

2019 年 3 月 26 日

农历己亥年・二月二十

宋·禁军“神卫”“拱圣”铜印

北宋禁军铜质官印，现藏于中国国家博物馆。左为太平兴国六年（981 年）铸“神卫左第四军第二指挥第五都记”。长 5.5 厘米、宽 5.3 厘米、高 4.2 厘米。右为端拱二年（989 年）“拱圣下七都虞候朱记”，长 5.5 厘米、宽 5.4 厘米、高 4.3 厘米。“神卫”是北宋禁军主力之一。“都”是禁军基层编制，百人为都，五都为指挥，五指挥为军，十军为厢。厢分左、右。此印为“神卫”左厢所辖第四军第二指挥第五都的印信。“拱圣”为侍卫司马军所辖部队之一，驻守京城，“都虞候”为部队的副长官。宋代官印分宝、印、记三大类。帝、后及太子印用“宝”，各级军事、行政机构印称“印”，其属吏及诸军将校印称“记”或“朱记”。

March

2019

Wednesday

星期三

27

2019年 3月27日

农历己亥年·二月廿一

宋·“宣抚处置使司随军审计司印”

南宋官印，20 世纪 50 年代浙江杭州西湖出水，现藏于浙江省博物馆。铜质。边长 5.5 厘米、高 4 厘米。正面刻“宣抚处置使司随军审计司印”，背款刻“建炎四年二月日”“宣抚处置使司行府铸”。南宋高宗建炎元年（1127 年）五月，为避高宗赵构名讳，将“诸军诸司专勾司”改作“诸军诸司审计司”。建炎三年四月，知枢密院事兼御营副使张浚平兵变立功；五月，高宗接受张浚提出的经略川陕牵制金军南下的建议，并任其为川陕宣抚处置使，在秦州（今甘肃天水）置司。此印当是张浚被任命为川陕宣抚处置使后，其内设机构“随军审计司”所铸之印。

March

2019

Thursday

星期四

28

2019 年 3 月 28 日

农历己亥年 · 二月廿二

宋·“静江府卖钞库之记”铜印

南宋铜质官印，1991 年出土于广西桂林人民政府小礼堂工地，现藏于桂林博物馆。印面纵 5.2 厘米、横 5 厘米、通高 4.7 厘米。直柄方形钮，无孔。印文为篆书“静江府卖钞库之记”，背面右侧刻“绍兴十年”，左侧刻“文思院铸”。“静江府”即桂林，是南宋广南西路的路治。“卖钞库”是负责兑换盐钞的职能机构。宋代食盐由国家专卖，广西于绍兴八年（1138 年）施行盐钞法。绍兴三年，铸印司并入文思院。此印是文思院为静江府下属的卖钞库铸刻的官印，用以加盖在盐钞之类的官凭文书上。

March

2019

Friday

星期五

29

2019 年 3 月 29 日

农历己亥年・二月廿三

宋·铜质水军官印

南宋铜官印，1978 年出土于浙江海盐澉浦一窖藏，现藏于海盐县博物馆。窖藏出土了八方南宋水军铜印及一方陆军印，应是元军大举进攻，各路宋兵败退而至澉浦后所埋。水军印八方形制相近，阳刻九叠篆文。左为嘉定十六年（1223 年）“嘉兴府澉浦驻扎殿前司水军第一将印”，边长 5.4 厘米、高 5.4 厘米，背款“嘉定十六年文思院铸”。“殿前司”的职能类似于现在的国防部，“将”是一个军事单位。右为景定元年（1260 年）“沿海制置司定海水军第一将之印”，边长 5.9 厘米、高 4.9 厘米，背款“景定元年文思院铸”。沿海制置司设于南宋绍兴二年(1132 年)，初设时主要为防御金军南侵，后来以防御海寇、维护治安为主要职能，兼有军事、民政、监察之责，是我国历史上第一个独立的海军衙门。

March

2019

Saturday

星期六

30

2019 年 3 月 30 日

农历己亥年 · 二月廿四

宋·铜官印及花押印

宋代铜官印及花押印，现藏于浙江省博物馆。左为九叠篆“建炎后苑造作之印”，边长 5.6 厘米、高 1.4 厘米，1971 年出土于浙江临海。“建炎”为宋高宗的年号，“后苑造作”指后苑造作所，官署名，掌内廷及皇室婚娶所需物品。背款“少府监铸”指铸印机构。少府监于南宋建炎三年（1129 年）四月罢归工部，终南宋不曾复设，故此印当铸于建炎元年至三年四月之间。右铜花押印为私印。“押”本意指在文书上所签的名字或所画的符号，以作凭信，宋代开始流行。

March

2019

Sunday

星期日

31

2019 年 3 月 31 日

农历己亥年·二月廿五

四月·印之信

明·“西天佛子大国师印”

APRIL

金·女真文押记

金代印押，黑龙江绥滨县中兴金墓出土，现藏于黑龙江省博物馆。铜质。女真人早期使用契丹字和汉字。金建国后，完颜希尹仿效汉字楷体并参照契丹字的形制，创制了女真文字，于1119年颁行，史称“女真大字”。1138年，金熙宗又创制了另一种女真文字，后称女真小字。女真文字主要用于官方文书，汉字仍在民间通行。

April

2019

Monday

星期一

1

2019 年　4 月 1 日

农历己亥年・二月廿六

金 · “印造钞引库印”

金代铜质官印，现藏于首都博物馆。印面正方形，印文为汉文九叠篆。“印造钞引库”是负责管理、印造交钞、盐引的中央机构。自宋代以来，茶、盐、矾等物品的生产和运销均由政府管控，政府发给特许商人支领和运销这类物品的证券统称“钞引”。贞元元年（1153 年）海陵王迁都燕京后，因铜稀少不能满足社会需要，贞元二年五月，命户部尚书蔡松年主持印制纸币，并在燕京设交钞库，负责交钞的印制、兑换、管理等事宜。

April

2019

Tuesday

星期二

2

2019年 4月2日

农历己亥年·二月廿七

金·“郊社署印”

金代铜质官印，现藏于首都博物馆。“郊社署”为金代太常寺的下属部门。太常寺置于皇统三年（1143 年），从三品衙门，下设郊社署、园陵署等机构，专门负责皇家社稷、祠祀、祈祷等活动，并管理祭祀器物。此印印文布局规整、铸造精致，为金代官印的典范。

April

2019

Wednesday

星期三

3

2019 年 4 月 3 日

农历己亥年 · 二月廿八

金·武职官印

金代官印，北京地区出土，现藏于首都博物馆。左上为陶然亭出土的“万户所印”，左下为延庆出土的“元帅监军之印”，右上为德胜门外出土的“都统府印”，右下为天宁寺地区出土的“提点管仓军印”。均铜质。印文均为九叠篆，右上起顺读。“万户”首设于金代。金初以三百户为谋克，十谋克为猛安。猛安之上置军帅，军帅之上为万户，万户之上为都统，最高军事长官为元帅。元帅下设副元帅、监军、都监，均左、右并置。金代官印尺寸与官位尊卑、权力高下相表里。四枚印中尺寸最小的“提点管仓军印”属于军事仓廪长官，尺寸最大的为“元帅监军之印”，官职级别相应最高。

April

2019

Thursday

星期四

4

2019 年 4 月 4 日

农历己亥年·二月廿九

金·“都提控所之印”

金代官印，黑龙江兰西县东风乡出土，现藏于黑龙江省博物馆。铜质。印文为汉字九叠篆“都提控所之印”。背款有“光字号”等文字，无铸造年款和机构。“提控”意为提辖控制，即总领之意，本是临时派遣，后演变为正式官职。此印尺寸大于一般提控官印，可证“都提控所”是统领若干提控的高级军事机构。

清明

April

2019

Friday

星期五

5

2019年 4月5日

农历己亥年·三月初一

金·“经略使司之印”“勾当公事龙字号之印”

金代官印，现藏于黑龙江省博物馆。铜质。印文均为汉文九叠篆。左印正面刻“经略使司之印”，背面刻楷书“经略使司之印”。无年款。“经略使司”是金朝末年的边镇军事机构，此印铸造应在贞祐元年（1213年）以后。右印为梯形钮，钮端刻“上”字以示正倒。正面刻“勾当公事龙字号之印”；印右端刻楷书“咸平应办所”，下刻“至宁元年八月初三日造”；印左端刻楷书“龙字号二”。“勾当”有管理、办理之意，为有关衙署的主要承办官员。此印为至宁元年（1213年）由尚书礼部铸造。

April

2019

Saturday

星期六

6

2019 年 4 月 6 日

农历己亥年 · 三月初二

金·“和拙海栾谋克之印”

金代官印，现藏于天津博物馆。铜质。边长 6.1 厘米、高 6 厘米。印面以朱文九叠篆刻“和拙海栾谋克之印”。矩形直钮顶端刻“上”字。钮右、背刻“大定十八年（1178 年）八月”，钮左刻“礼部造”。印左侧凿有与印文文意相同的女真文边款。“和拙”意为“亲军”，“海栾”是驻地，即今图们江支流海兰河。“谋克”是金代特有的兵民合一的基层组织，谋克平时耕作，战时出征。此印是研究金代兵制、政治组织等的重要实物史料。

April

2019

Sunday

星期日

7

2019 年 4 月 7 日

农历己亥年 · 三月初三

金·“河东南路兵马都总管印”“韩州刺史之印”

金代铜质官印，现藏于中国国家博物馆。左印“河东南路兵马都总管印”铸于大定十二年（1172 年），边长 7 厘米。右印“韩州刺史之印” 铸于大定二年。《金史·百官志》“诸州刺史”条载：“刺史一员，正五品，掌同府尹兼治州事。”此印为上京路韩州长官的印信。

April

2019

Monday

星期一

8

2019 年 4 月 8 日

农历己亥年 · 三月初四

金·“通津堡道路巡检之记”铜印

金代官印，现藏于青海省博物馆。边长4.5厘米、通高5厘米。铜质。印文为“通津堡道路巡检之记”九字。印钮两侧镌刻“内少府监造”和“正隆五年六月”字样。《金史·百官制》载：“诸州都巡检使各一员，正七品。副都巡检使各一员，正八品。司吏各一人。右宿、泗、唐、邓、察、亳、陈、颖、德、华、河、陇、秦等州并西北路依次置，余不加‘使’字。散巡检，正九品。”正隆五年(1160年)是海陵王完颜亮之年号，亦为南宋绍兴三十年。

April

Tuesday

2019

星期二

9

2019 年 4 月 9 日

农历己亥年・三月初五

西夏·“首领”印

西夏官印，现藏于中国国家博物馆。铜质，圆角方印，乾祐六年（1175 年）铸造。西夏官制仿中原王朝，下设职官多由部族中的大小首领充任，且多佩戴以西夏文铸刻的“首领”印。西夏立国前夕，李元昊命大臣野利仁荣创制西夏文，又称“国书”或“蕃书”。西夏文结构仿汉字，形体方整，笔画繁冗。“首领”印文有二字、四字和六字不等，以二字为多。印文字体仿宋代官印中通行的九叠篆，布局规整，平中寓奇。

April

2019

Wednesday

星期三

10

2019 年　4 月 10 日

农历己亥年・三月初六

西夏·“首领”印

西夏铜质官印，现藏于甘肃省博物馆。印文为九叠篆“首领”二字。矩状钮，钮底部有穿孔可佩系，钮上刻有西夏文“上”字，钮两侧刻有西夏文年款和人名。宋夏交战时，宋代官员多记载缴获西夏官印之事。如元丰八年（1085 年）四月庚辰，“知太原府吕惠卿遣人入西界，破贼六寨，斩首六百余级，凡首领十三人，获铜印十四颗，骆驼牛马以万计”（《续资治通鉴长编》卷三五四），也可证西夏首领的佩印风气。

April

2019

Thursday

星期四

11

2019 年 4 月 11 日

农历己亥年 · 三月初七

西夏·“有神圣位”铜印

西夏铜印，现藏于天津博物馆。高 4 厘米、边长 5.5 厘米。钮上窄下宽，顶部刻西夏文“上”字。印刻西夏文字意为“有神圣位”。西夏文是记录西夏党项族语言的文字。在西夏王朝所辖地区，上自诏令、佛经，下至民间书信，均用西夏文书写。1227 年西夏灭亡后，西夏文字逐渐湮灭，至今已成为难以识读的文字。传世和出土的西夏文印章较多，是了解西夏官制的重要史料。

April

2019

Friday

星期五

12

2019 年 4 月 12 日

农历己亥年・三月初八

元·“益都路管军千户建字号之印”

元代官印，现藏于上海博物馆。铜质。矩形钮，钮顶端刻“上”字，钮侧刻“中统元年（1260年）十月”，“行中书省造”。印面刻汉字九叠篆“益都路管军千户建字号之印”3行、12字。金代始置“千户”，为世袭军职，元代相沿，于各路设千户所，置千户为长官，隶属于万户，下领百户。“益都路”为元代行政区名，治所在益都（今青州），下辖六县、八州（州辖县十五），直隶中书省。

April

2019

Saturday

星期六

13

2019 年 4 月 13 日

农历己亥年 · 三月初九

元·“宣政院印”

元代官印，现藏于西藏博物馆。铜质。通高10.1厘米、边长10厘米，八思巴文。至元元年（1264年），忽必烈设总制院，负责掌管全国佛教及西藏地方政教事务。1288年，总制院改名为宣政院，由帝师兼领。元制，宣政院和枢密院用印均为银质，但此印为铜质，与规制不符。但遇有重大事务，宣政院和枢密院可临时设置行院或分院往镇，故此印当为元朝中央处理西藏事务派出的宣政院行（分）院之印。

April

2019

Sunday

星期日

14

2019 年 4 月 14 日

农历己亥年 · 三月初十

元 · “大元帝师统领诸国僧尼中兴释教之印”

元代玉质官印，现藏于西藏博物馆。“帝师”是元中央政府封授藏传佛教首领的尊号。1270 年，忽必烈封授八思巴为首任帝师，此后元代帝师一直由萨迦派领袖担任。帝师既是佛教萨迦派的高僧，又是宣政院的首长。此印当为元贞元年（1295 年）元成宗封授第五任帝师扎巴俄色之印。

April

2019

Monday

星期一

15

2019 年 4 月 15 日

农历己亥年·三月十一

元·“统领释教大元国师印”

元代官印，现藏于西藏博物馆。青玉质。元代授予“统领释教”职权者仅为“帝师”或“萨迦法台”（萨迦派为西藏佛教的一个派别）。从印文看，此印非授予帝师，而是授予具有“国师”头衔的萨迦法台。

April

2019

Tuesday

星期二

16

2019 年 4 月 16 日

农历己亥年 · 三月十二

元·“宗仁蒙古侍卫亲军都指挥使司百户印”

元代官印，内蒙古赤峰市松山区红庙子出土，现藏于敖汉旗博物馆。铜质。边长 6.5 厘米，印文为九叠篆书八思巴文，竖排 5 行，印面略外鼓，铸于至治三年（1323 年）。背面为梯形钮，钮右侧刻两行汉字“宗仁蒙古侍卫亲军都指挥使司百户印”；左侧近钮处刻汉字“中书礼部造”，近边处刻“至治三年正月日”。“宗仁”当为《元史》所记“宗仁卫”之简称，其建立有较复杂的历史背景，属地方性质的侍卫军。

April

2019

Wednesday

星期三

17

2019 年　4 月 17 日

农历己亥年 · 三月十三

元·“瓮吉剌八秃儿百户之印”

元代官印，1989 年出土于河北赤城马营，现藏于赤城县博物馆。铜质。印重 700 克，印文为八思巴文，背款刻汉文“瓮吉剌八秃儿百户之印，中书礼部造，至正十八年（1358 年）二月”。“瓮吉剌”是蒙古的一个部落，在蒙元时代为帝后之族，出过皇后可敦，地位崇高。“八秃儿”在蒙古语中本意为野猪，此处为“瓮吉剌”的称号。“百户”于金初设置，元代相沿，设百户为百夫之长，隶属于千户，为世袭军职。

April

2019

Thursday

星期四

18

2019 年 4 月 18 日

农历己亥年・三月十四

元·张天师“阳平治都功印”

元代玉印，现藏于江西省博物馆。青白玉质。边长12.2厘米，龙钮。刻九叠篆朱文“阳平治都功印”。汉末，五斗米道（道教）在各地设有道场，作为宗教和管理中心，称为“治”。当时立二十四治，“阳平”居首位，为五斗米道的总部。“都功”为治中职事，即道家的首领。此方“阳平治都功印” 原为天师府所用，系正一宗坛的镇坛之宝，也是张天师在道教中身份、权力的象征。

April

2019

Friday

星期五

19

2019 年　4 月 19 日

农历己亥年・三月十五

明·“西天佛子大国师印”

明代镀金银印，现藏于青海省博物馆。明朝廷册封青海瞿昙寺高僧班卓儿藏卜“西天佛子”的赐印。《明实录》卷二八三载：成化二十二年（1486 年）十月庚寅，升西宁卫瞿昙寺灌顶大国师班卓儿藏卜西天佛子。当年十一月丁卯，给赐西天佛子大国师班卓儿藏卜镀金银印，印文为“广慧悟法净觉妙善翊国衍教灌顶戒定西天佛子大国师印”。

印之信

穀雨

April

2019

Saturday

星期六

20

2019 年 4 月 20 日

农历己亥年 · 三月十六

明·“锦衣卫印”

明代木印，现藏于中国国家博物馆。印宽 11.5 厘米、厚 1 厘米、通高 4 厘米。缩肩平钮，有部分裂纹。印面篆刻“锦衣卫印”，背面刻“成化十四年（1478 年）三法司置”。锦衣卫建于洪武十五年（1382 年），原为执卫皇宫的亲军，掌管皇帝出入仪仗，后朱元璋为加强专制统治，特令兼管刑狱，并赋予其巡查缉捕的权力。“三法司”是刑部、都察院与大理寺的合称，明代重大案件由三法司会审。此木印由三法司会同刻制。

April

2019

Sunday

星期日

21

2019 年　4 月 21 日

农历己亥年 · 三月十七

明·“木答里山卫指挥使司印”

明代官印，内蒙古呼伦贝尔盟浩特市发现，现藏于中国国家博物馆。铜质。印文为“木答里山卫指挥使司印”。圆柄左方刻“礼部造”“永乐四年十月日”。永乐四年（1406年），明成祖朱棣在今内蒙古乌兰浩特地区设木答里山卫。明朝于都指挥使司之下设卫指挥使司，长官为指挥使一人，正三品，副长官为指挥同知二人，从三品。各卫统领本卫及属所的军政；出征时，各卫率领其属所听从主帅总兵官的调度。

印 之 信

April

2019

Monday

星期一

22

2019 年 4 月 22 日

农历己亥年 · 三月十八

明·“永昌大元帅印”

出水文物，发现于四川彭山江口古战场遗址，2018 年 6 月展陈于中国国家博物馆。金质。印背上装饰虎形钮，身姿矫健。印面九叠篆书“永昌大元帅印”。印背左侧刻“癸未年仲冬吉日造”，即崇祯十六年（1643 年）冬日所铸；右侧刻印名。此印采用干支纪年，与宋代以来官印年号纪年的方式不符。有人推测是张献忠自封“永昌大元帅”时铸造。对此学界尚有争论。

April

2019

Tuesday

星期二

23

2019 年 4 月 23 日

农历己亥年 · 三月十九

“骁右营总兵关防” 铜印

张献忠大西政权铸造的军备铜印，2018 年 6 月展陈于中国国家博物馆。印面长 10.6 厘米、宽 7.1 厘米、通高 8 厘米。印面篆书“骁右营总兵关防”，印背左侧刻“大顺二年五月日礼部造”楷书，铸造时间为大西大顺二年（1645 年）。印右侧楷书印名，左侧楷书“大字九百五十三号”。大西军共分为一百零二营，并按一定政治或军事含义命名，如振武营、骁右营、骁骑营。每营设总兵官统领，颁给关防印信，编立字号，通行全军，此印为其中之一。

April

2019

Wednesday

星期三

24

2019 年 4 月 24 日

农历己亥年·三月二十

南明铜印

南明官印，现藏于浙江省博物馆。崇祯十七年（1644 年）李自成攻克北京后，明朝在南方的宗室藩王相继建立政权，继续用大明国号，统称“南明”。上印长方形，柱形钮。印纵 8.9 厘米、横 5.5 厘米、通高 8 厘米。印文为“督理台温钱粮兵马兼海防三关吏部院关防”，侧款为“礼字八百八十五号”“鲁监国元年三月造”。1645 年南明弘光政权覆灭，张国维等人拥戴明太祖九世孙鲁王朱以海为监国。鲁监国元年为 1646 年。下印近方形，麒麟钮，通高 8.9 厘米、宽 10.7 厘米、长 10.9 厘米，印面为“靖虏将军之印”，背款为“靖虏将军之印”“礼部造”，侧款为“礼字六百二十五号”“永历三年二月日”。此是郑成功叔叔郑鸿逵所用印。

April

2019

Thursday

星期四

25

2019 年 4 月 25 日

农历己亥年 · 三月廿一

清·八旗佐领图记

清代铜质印信，现藏于中国国家博物馆。高 9.2 ~ 9.4 厘米，边长 5.2 ~ 5.7 厘米，文体和尺寸依据印主品级高低略有不同。八旗源于满洲（女真）人的狩猎组织，努尔哈赤在统一女真过程中创建了八旗制度，实行旗主、参领、佐领三级管理制，其特点是以旗统人、兵民一体。八旗中，以镶黄旗、正黄旗、正白旗为上三旗，余为下五旗，以此辨别户籍、官制、兵制等差异。佐领为满语“牛录额真”的汉译，是八旗制度中管理 300 人的正四品官。清制，八旗佐领、各省协领等官所用印信称图记。

April

2019

Friday

星期五

26

2019 年 4 月 26 日

农历己亥年 · 三月廿二

清·“札萨克”印

清代官印，现藏于青海省博物馆。银质，虎形钮。高 11 厘米、宽 10.5 厘米。印面蒙文，汉译为“青海西左前旗札萨克之印”（左印）、“青海西左后旗札萨克之印”（右印）。印前侧刻汉文楷书“礼部造”，左侧刻铸造年代。“札萨克”是蒙古语音译，意为“支配者”“尊者”。清廷将青海蒙古各部编为二十九旗（札萨克），旗既是军事行政单位，也是清廷赐给蒙古领主和宗教上层的世袭领地。各旗之间不得逾越占地、私相统属。此印为清代青海蒙古族二十九旗之一的“旗主印”。

April

2019

Saturday

星期六

27

2019 年 4 月 27 日

农历己亥年 · 三月廿三

清·“西宁土官指挥使之印”

清代官印，现藏于青海省博物馆。铜质。边长 8.3 厘米、通高 11.5 厘米。印面刻“西宁土官指挥使之印”。印钮两侧镌刻“道光五年九月日”和“道字五百九十七号”字样。由于青海地区的蒙、藏部落多以游牧为生，“有定之官”（流官）难治“无定之民”，故土官制度延续时间较长。《钦定大清会典》载：“凡土官之职，皆给以印信号纸，土府、厅、州、县则加以印。”此印为道光五年（1825 年）中央颁发给西宁地区土官指挥使的官印，土司以此为朝廷命官的凭证。

April

2019

Sunday

星期日

28

2019 年 4 月 28 日

农历己亥年 · 三月廿四

清·“提督湖北总兵官印”

清代银质官印，现藏于天津博物馆。边长 10.5 厘米、高 10 厘米，印面呈正方形。印文左为满文篆书，中为满文楷书，右为汉文小篆“提督湖北总兵官印”两行八字。背铸虎钮，钮右镌汉文“提督湖北总兵官印礼部造”，钮左镌满文楷书三行释文。右侧边镌汉文楷书“咸字九号”，左侧镌“咸丰三年四月日”。此印是清政府授予湖北总兵向荣的官印。向荣于咸丰三年（1853 年）正月二十日接任湖北提督，曾任剿灭太平天国的江南大营的首脑。清代传世银质官印很少，非常珍贵，此印对研究我国近代史有重要的历史价值。

印　之　信

April

2019

Monday

星期一

29

2019 年　4 月 29 日

农历己亥年 · 三月廿五

清 · “皇帝之宝” 玉玺

清代御宝，现藏于中国国家博物馆。通高 16.1 厘米、边长 16.1 厘米，钮高 9.8 厘米。印文为满、汉文“皇帝之宝”，印钮为盘龙状。清朝皇帝的“御宝”置于紫禁城交泰殿，由尚宝司负责管理。康熙二十九年 (1690 年) 所修《钦定大清会典》载有御宝 29 方，较明朝 24 方多出 5 方，其中 22 种御宝文字与明朝御宝相同。乾隆十一年 (1746 年) 对前代皇帝御宝重新考证排次，厘定出 25 方，并详细规定了各宝的使用范围。这方满汉文合璧的“皇帝之宝”主要用于发布诏令文书，使用较其他御宝更为频繁。

April

2019

Tuesday

星期二

30

2019 年 4 月 30 日

农历己亥年・三月廿六

五月

· 符之验

战国 · 秦杜虎符

MAY

战国・秦杜虎符

战国铜虎符，1973 年出土于陕西西安南郊，现藏于陕西历史博物馆。长 9.5 厘米、高 4.4 厘米、厚 0.7 厘米。虎昂首卷尾。虎符为古代调兵遣将的凭证，分为两半，右半留京师，左半发给驻外军队。调兵时，由朝廷使者持右半与左半合符。此为左半符，上有错金小篆铭文 40 字："兵甲之符，右才 [在] 君，左在杜。凡兴士被甲，用兵五十人以上，必会君符，乃敢行之。燔燧之事，虽母（毋）会符，行殹（也）。""杜"指杜县，置于秦武公十一年（前 687 年）。从"右在君"而非"右在王"可推测虎符铸造时间在秦惠文王称君时（前 338 ~ 前 325 年），持符者为秦国杜县军事首领。

勞動節

May

2019

Wednesday

星期三

1

2019年 5月1日

农历己亥年·三月廿七

战国 · 楚“鄂君启”节

战国时楚国铜符节，1957 年安徽寿县邱家花园出土，中国国家博物馆、安徽博物院、湖北省博物馆均有收藏。此节是楚怀王六年（前 323 年）发给鄂君启的经商通行证，共 5 枚，其中舟节 2 枚，车节 3 枚，均作竹节状。舟节长 30.9 厘米、宽 7.1 厘米、厚 0.6 厘米，有错金铭文 9 行、164 字；车节长 99.6 厘米、宽 7.3 厘米、厚 0.7 厘米，有错金铭文 148 字。铭文记载了鄂君启车节和舟节的颁发时间、使用方法，并详细规定了其商队车船数量、行商路线、货物种类、课税情况及所享特权等。用时货主与官员各持一半，合节验证无误后可通行。此为车节，为陆路运输通行的凭证。

May

2019

Thursday

星期四

2

2019 年 5 月 2 日

农历己亥年·三月廿八

战国·楚“王命传遽”铜虎节

战国时楚国铜符节，传安徽寿县出土，现藏于中国国家博物馆。长 12.4 厘米、高 7 厘米、厚 0.5 厘米。青铜质薄片，两面无榫卯。卧虎状，虎目圆睁，虎首、身、尾刻有纹路。虎腹一侧有“王命，传遽”四字铭文。“遽”本意是送信的快车或快马，铭文意为持虎节者以王命命传遽者发车马、供饮食，与战国晚期楚国邮驿事务有关。

May

2019

Friday

星期五

3

2019 年　5 月 3 日

农历己亥年 · 三月廿九

汉·“王命命车徒”铜虎节

西汉铜符节，1983 年出土于广东广州象岗南越王墓，现藏于西汉南越王博物馆。高 11.6 厘米、长 19 厘米。虎昂首，张口露齿，弓腰卷尾，呈跃起姿势。铜虎身黑色，以错金形式饰斑纹，有错金铭文“王命命车徒”五字，当为南越王赵眛（史书称赵胡，前 137 ~前 122 年在位）调动车兵的令符。

May

2019

Saturday

星期六

4

2019 年 5 月 4 日

农历己亥年 · 三月三十

北魏·“河内太守”铜虎符

北魏铜虎符，1955 年在内蒙古呼和浩特美岱北魏墓出土了两件体呈瘦长形的铜虎符，现藏于中国国家博物馆。符为判合之器，是古代用于传达命令、调动军队的一种特殊凭证，多以青铜铸造。因其状呈虎形，故称“虎符”。“河内太守”符左右两半俱全。虎前胸左右各刻“河内太守”铭文，腹下分刻“铜虎符左”和“铜虎符右”铭文，背铭“皇帝与河内太守铜虎符第三”（另一铭“皇帝与河内太守铜虎符第五”）。文字中剖为二，只有“合符”才能通读，此也为“符合”的词源。

May

2019

Sunday

星期日

5

2019 年 5 月 5 日

农历己亥年·四月初一

宋·“鄜延第四将带器械”铜牌

宋代铜牌，现藏于中国国家博物馆。高 6 厘米、宽 4.2 厘米。上端呈梯形，中间穿孔，以便佩戴。牌面刻“鄜延第四”“将带器械”两行汉字。北宋王安石“变法”改革军制，实行将兵法。除在京禁军及驻防外地的部分禁军以外，其余禁军与地方武装混合组成“将”的编制，将下设部，部下设队，在各路设置将官，练兵习武，取消实行多年的禁军更戍法。鄜延路设于宋康定二年 (1041 年)，治所在延州（后升延安府，今延安市），是防御西夏进犯的军事要地，较早施行将兵法。此牌应为鄜延路第四将下属军官所佩。

符 之 验

立夏

May

2019

Monday

星期一

6

2019 年 5 月 6 日

农历己亥年 · 四月初二

宋·“云内”州巡牌

宋代铜牌，现藏于北京警察博物馆。左图为正面实物，右图为牌另面图片。上部似波纹状，中间镂空，顶端有系孔。圆形牌面，正面铸有“州”字，下方似押；另一面铸有“巡”字，上下分别刻“云内”“四更”小字。此为当地驻军巡城时用的令牌。云内州为历史地名，位于今内蒙古自治区境内。

May

2019

Tuesday

星期二

7

2019 年 5 月 7 日

农历己亥年 · 四月初三

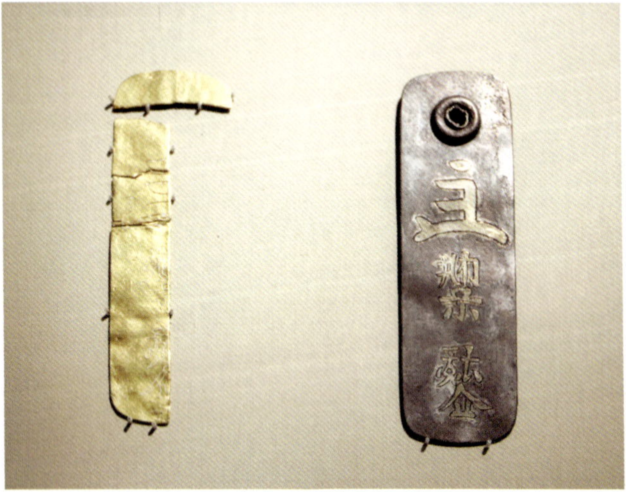

辽·契丹文“敕宜速”金银牌

辽代金银牌，黑龙江省博物馆、吉林省博物院等均有收藏。左为金牌，上錾刻契丹文“敕宜速”及阿骨打花押，是用于传递军政要务的信牌。同类器物已发现多件，其形状和文字内容基本相同，对于刻文的解读学界尚有争议。右为银牌，四角抹圆，牌面双钩“敕宜速”三个契丹文字。银牌是契丹派遣到女真部落的使者佩戴，因使者是辽代皇室的代表，亦号称“银牌天使”。

May

2019

Wednesday

星期三

8

2019 年 5 月 8 日

农历己亥年·四月初四

金·“得入第一重门”铜牌

金代铜牌，出土于黑龙江省哈尔滨市阿城区金上京会宁府遗址，现藏于黑龙江省博物馆。牌呈长方形，长 14.7 厘米、宽 5.3 厘米，一端有孔。一面刻汉文楷书“奉御”“得入第一重门”“日字第三十二号”及“从人牌子”，另一面刻“左右宿直将军司”，下有篆书印记。此牌是出入上京会宁府皇城宫殿的凭信物，为奉御之从人所带，仅得入第一重门。《金史·百官志》载：“左右宿直将军从五品，掌总领亲军，凡宫城诸门卫禁，并行从宿卫之事。”此牌能佐证汉字在金代女真地区的应用。

May

2019

Thursday

星期四

9

2019年 5月9日

农历己亥年·四月初五

西夏·“敕燃马牌”

西夏铜牌，现藏于中国国家博物馆。高18.5厘米、直径14.7厘米。由两片圆牌组成，相互套合形成整体。两片之间有空腔。上端为方形提钮。两片顶端各有一个西夏文“敕”字。一片刻四连忍冬花纹饰，另一片刻四个西夏文字，汉译为“敕燃马牌”，意为“敕令驿马昼夜疾驰”。此为“信牌”，是西夏王朝传递文书、命令时使者的身份凭证。一般一片存于朝廷，一片存于都城驿站，见牌合符后放行。

May

2019

Friday

星期五

10

2019年 5月10日

农历己亥年·四月初六

西夏·“待命”牌

西夏铜牌。左牌现藏于宁夏回族自治区宁德县文物管理所，牌正面刻西夏文“内宿待命”四字，背面为官职名。图为背面。“内宿牌”与另一种“守御牌”相对，内宿卫、外防御，是西夏高级侍卫官所持有的证明身份的腰牌，是军中的信物标识。右牌现藏于中国国家博物馆。圆形牌面，直径4.5厘米。正面刻西夏文“防守待命”四字，背刻西夏文官职名、人名，是持牌者的职务。西夏内宫待命者包括“帐门后寝待命”“内宿待命”“防守待命”三类，地位较高，且配有战具，属内廷执勤军人。两牌顶端均有穿孔，方便佩戴。

May

2019

Saturday

星期六

11

2019年 5月11日

农历己亥年·四月初七

元·八思巴文银牌

元代银牌，1998 年征集于呼和浩特市清水河县下城湾，现藏于内蒙古博物院。长 30 厘米、宽 8 厘米、厚 0.1 厘米。上部有一圆孔式环形钮，环钮一面刻有汉字“丁字八十号”。牌身双面刻双勾体八思巴文，一面三行，另一面两行，大意为：长生天气力里，皇帝的名号是神圣的。谁若不从，问罪，处死。《元史·兵志》载：“千户金符，百户银符。”《新元史》卷九六载：“正、从四品，正、从五品，俱金牌。正、从六品， 正、从七品，俱银牌。”据此，此牌应为元代驿站或品级较低的官员佩戴。

May

2019

Sunday

星期日

12

2019年 5月12日

农历己亥年·四月初八

元·八思巴文金牌

元代金牌，现藏于内蒙古大学民族博物馆。2000年发现于内蒙古兴安盟科尔沁右翼前旗索伦镇，故又称“索伦金牌”。长25.7厘米、宽8.1厘米、厚约0.1厘米，重348克。经鉴定，此牌含金比例为58.4%，含银比例为41.6%。牌上部有一个能够转动的圆孔式环形钮，环钮一面刻汉字“张字九十六号”。牌身双面刻双勾体八思巴文，一面三行，另一面两行，大意为：长生天气力里，皇帝的名号是神圣的。谁若不从，问罪，处死。元代牌符主要有身份牌、令牌、驿牌等，此牌应为令牌。

May

2019

Monday

星期一

13

2019 年　5 月 13 日

农历己亥年・四月初九

元·“忽必烈赏赐金牌”插图

此插图来自《马可·波罗游记》抄本，引自手抄本合集《世界奇迹之书》。原件藏于法国国家图书馆，此为复制件。 此图描绘忽必烈命令一名朝廷官员为尼科洛·波罗和马菲奥·波罗颁赐金牌的场景。此图虽根据想象绘制，但金牌在一定程度上接近原物。图中金牌为长方形，顶端略有弧度，尺寸较大。推测此牌为驿牌。持牌者可以在国内通行，也可凭此在驿站获得马匹、住宿等服务。

May

2019

Tuesday

星期二

14

2019 年 5 月 14 日

农历己亥年・四月初十

元 · 乘驿银牌

元代银牌，1934 年发现于前热河省，现藏于中国国家博物馆。近长方形，约长 21 厘米、宽 6 厘米、厚 0.3 厘米。右上角有缺损。上部有一圆孔式环形钮。一面刻汉字，上部为“天赐”二字，中下部刻“成吉思皇帝圣旨疾”八字。另一面为契丹文，意思为“宜速、走马或快马”。根据符牌的形制和内容，推测此为急行令牌，即为传递皇帝的旨意，应该快速行进。当用于行军或者紧急信息传递。

May

2019

Wednesday

星期三

15

2019 年 5 月 15 日

农历己亥年 · 四月十一

元·八思巴文虎头圆牌

元代铁牌，现藏于甘肃省博物馆。铁质银字，长 18 厘米、直径 11.7 厘米，重 249 克。顶端为用以佩戴的活环，颈部两面均铸有虎头花纹。牌面圆形，圆内有一圈镀银弦纹，弦纹内铸有八思巴文五行，两面相同，只是一正一反。文字大意为：长生天气力里，皇帝圣旨，不从者治罪。蒙元时期牌符从材质来看，有金牌、银鎏金牌、银牌、铜牌、铜质金字、铁质金字、铁质银字等，金牌地位最高；从牌面装饰物来看，饰有虎头、狮头者为上，无饰物者次之。故此牌应属同类圆牌中级别较高者，推测为令牌。

May

2019

Thursday

星期四

16

2019 年 5 月 16 日

农历己亥年·四月十二

元·“宣慰使司都元帅府”夜行铜牌

元代铜牌，1962年出土于江苏扬州元代旧城，现藏于扬州博物馆。高17厘米、宽14厘米。上部铸有双面叶蒂纹，中间有穿孔。牌面圆形，一面为汉字四行，中间一行为“宣慰使司都元帅府”，右侧为“公务急速”，左侧为“持此夜行”，最左侧为“玄字拾号”。另一面有波斯文和八思巴文各一行。此牌是元朝夜禁制度的产物。《元史》载：“诸夜禁，一更三点，钟声绝，禁人行。五更三点，钟声动，听人行。违者笞二十七，有官者听赎。其公务急速，及疾病死丧产育之类不禁。”“公务急速”，是指夜间执行紧急公务而持有夜巡牌的官员，包括执行防范、警戒等夜间巡逻任务者。

May

2019

Friday

星期五

17

2019 年　5 月 17 日

农历己亥年 · 四月十三

元·“天字拾二号夜巡牌”拓本

元代铜牌，实物于 1985 年出土，现藏于内蒙古兴安盟科尔沁右翼中旗博物馆。此为朱拓图。实物高 16.3 厘米、宽 11.3 厘米、厚 0.6 厘米，重 725 克。上部为莲花式钮，中间有穿孔，孔下有横额，额两面均刻有八思巴文符号。牌面圆形，一面刻连枝草叶纹，另一面刻如意云纹。一面铸有三行竖向文字，从右至左为察合台文、八思巴文、回鹘式蒙古文。另一面中间有圆圈，圈中有汉文“元”字，圆圈外环铸有藏文和汉文，汉文为“天字拾二号夜巡牌”。三种文字均表达“夜巡牌”的意思。

符　之　验

May

2019

Saturday

星期六

18

2019 年　5 月 18 日

农历己亥年 · 四月十四

明・朝参官牙雕腰牌

明代象牙腰牌（左图），山东曲阜文物管理委员会收藏。竖长方形，顶端为弧边。上部牌首刻如意云纹，中间穿孔，以系绳带。牙牌一面阴刻四行文字，连读为："朝参官悬带此牌，无牌者依律论罪。借者及借与者罪同。出京不用。"《明史・舆服四》载："凡文武朝参官、锦衣卫当驾官，亦领牙牌，以防奸伪，洪武十一年（1378年）始也。其制，以象牙为之，刻官职于上。不佩则门者却之，私相借者论如律。牙牌字号，公、侯、伯以勋字，驸马都尉以亲字，文官以文字，武官以武字，教坊官以乐字，入内官以官字。"

May

2019

Sunday

星期日

19

2019 年 5 月 19 日

农历己亥年 · 四月十五

明 · “锦衣卫指挥使马顺”腰牌

明代象牙腰牌，现藏于首都博物馆。牌身为椭圆形，长 7.5 厘米、宽 6.5 厘米。一面四周阴刻双兽，共衔一孔，用以系绳，中间刻“锦衣卫指挥使马顺”。另一面上部刻云纹，中间一行刻“正统十四年八月吉日”。马顺是正统时期的锦衣卫指挥同知。“土木堡之变”后，正统十四年（1449 年），群臣弹劾王振误国之罪，适逢马顺在廷，喝斥群臣，激起众怒，被百官当廷捶死。混乱中，其牙牌不知所踪。因本牙牌与文献记载和其他实物的形制、纹饰均有不同，故有研究者推测为私刻的殉葬品或伪赝品。

May

2019

Monday

星期一

20

2019 年　5 月 20 日

农历己亥年・四月十六

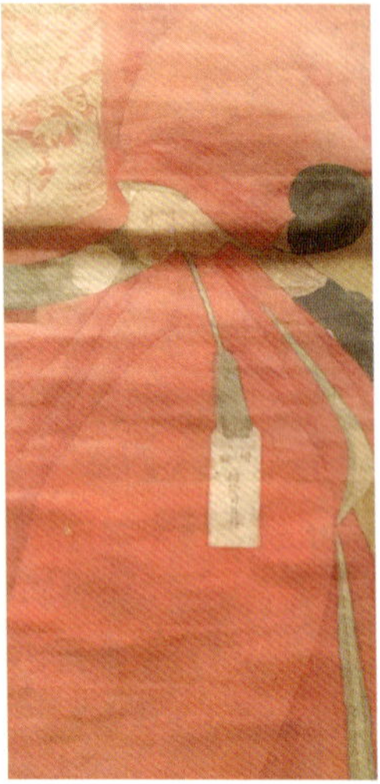

明·九宫长随牙牌

明代象牙腰牌（左图），现藏于中国国家博物馆。整体似“钟”形。上部刻云纹，云纹中间穿孔系红色穗带，下端为三弧波纹形。一面以九叠篆刻监名，另一面刻四行文字，连读为“九宫长随悬带此牌，不许借失伪造，升迁者改写兑换，事故者缴监，无牌不许擅入宫禁，违者治罪”。两侧通常分别刻颁发年代和“忠字某号”，已发现者多为“崇祯某年”款。此为十二监“长随”官出入宫禁的通行证，凡借、失、伪造、未及时改写兑换、未及时缴监、无牌擅入等行为，均明确禁止，违者治罪。

小满

May

2019

Tuesday

星期二

21

2019 年 5 月 21 日

农历己亥年 · 四月十七

明·御马监铜驾牌

明代铜牌，现藏于首都博物馆。高 9.6 厘米、宽 6.9 厘米、厚 0.8 厘米。顶端有穿孔，颈部为荷叶形纹，牌面为圆形。一面篆书“驾牌”，左侧楷书“出京不用”，右侧为“帝字伍千肆佰伍号”。另一面铸阳文五行，连读为：“御马监随驾官勇士悬带此牌，无牌者依律论罪。借者及借与者罪同。”明代御马监除掌御厩马匹外，还有统领禁兵、提督京营及西厂、管理皇庄和草场、监军等职能。随驾铜牌由随驾武官悬佩腰间，由官府专门机构统一制作并管理，上值前领用，下值事毕归还。凡“当直时不佩带此牌”或者“私相借用”者，依法惩治。

May

2019

Wednesday

星期三

22

2019 年 5 月 22 日

农历己亥年 · 四月十八

明·“北平行都指挥使司夜巡铜牌”

明代铜牌，现藏于中国国家博物馆。高 14 厘米、宽 12 厘米。顶端为如意云纹，云纹中间有穿孔。牌身为圆形，外围一圈纹饰，内围一面刻“令”字，另一面刻“北平行都指挥使司夜巡铜牌”篆书两行，两边铸楷书“肃字肆佰”“陆拾肆号”。《明史·兵志》记载，洪武初年，“讥察奸伪，夜发巡牌，旗士领之，核城门扃钥及夜行者”。洪武二十年(1387 年)，朱元璋在大宁(今内蒙古宁城附近)设大宁都司，次年改称北平行都指挥使司，重点防卫蒙元残余势力南下。至永乐元年(1403 年)，大宁城废。此牌是大宁卫士兵夜间巡逻时佩戴的证件。

符　之　验

May

2019

Thursday

星期四

23

2019 年　5 月 23 日

农历己亥年·四月十九

明 · 皇城校尉和东中门铜牌

明代铜牌。左牌出土于江苏南京明宫殿遗址，现藏于中国国家博物馆。高 12.9 厘米、宽 10.5 厘米，顶端云纹，中间穿孔。牌一面铸四行阳文，连读为：“凡遇直宿者，悬带此牌，出皇城四门不用，校尉。”另一面铸有首尾追逐的双鱼纹，侧面应刻有编号。此牌为夜班值守皇城的校尉所戴。右牌现藏于北京警察博物馆。上部似卷云纹，中有圆孔。圆牌左上部有缺损。中间竖向铸“东中门”三字。明代内、外皇城的相对城门之间设有 12 座城门，其中东面有东中门。根据形制和文字，此牌当为东中门的皇城守卫所佩戴的铜牌。

May

2019

Friday

星期五

24

2019 年 5 月 24 日

农历己亥年·四月二十

明·"守卫"铜牌

明代铜牌，现藏于北京警察博物馆。长方形，上边为弧形。上部刻兽纹和云纹。中部一面铸篆书"守卫"二字，另一面铸有三行铭文，从右往左连读为："凡守卫官军悬带此牌，无牌者依律论罪，借者及借与者罪同。"据《仁宗实录》卷四记载："永乐二十二年十一月，命工部：凡内府守卫军所悬木牌，更造以铜，其文，一面二十四字，'凡守卫官军悬带此牌，无牌者依律论罪，借者及借与者罪同'。一面'守卫'二字。其守卫官并悬本职牙牌。"故推测此牌应铸于永乐二十二年（1424 年）之后，且左侧有"勇"字编号。

May

2019

Saturday

星期六

25

2019 年 5 月 25 日

农历己亥年 · 四月廿一

明·“黔宁王遗记”金牌

明代金牌，1974 年出土于江苏南京江宁将军山沐氏族墓，现藏于南京博物院。纯金材质，顶部为两片蕉叶形纹饰，有圆形穿孔，以便系绳。牌面直径 10.3 厘米。一面正中刻“黔宁王遗记”五字，右左两侧分别为“此牌须用”“印绶带之”。另一面阴刻五行共三十字：“凡我子孙，务要忠心报国，事上必勤慎小心，处同僚谦和为本，特谕。慎之！戒之！”“黔宁王”是指明代开国功臣沐英。“黔宁王遗记”是沐英留给子孙的遗训。

May

2019

Sunday

星期日

26

2019 年　5 月 26 日

农历己亥年 · 四月廿二

清·皇太极调兵信牌

清代信牌，现藏于首都博物馆。左为崇德时期（1636 ~ 1643 年）皇太极调兵信牌，亦称“宽温仁圣皇帝信牌”。椴木材质，有皮质牌套。牌首圆形穿孔系黄绳，颈部为朵云形，周边起棱，内刻一金色回首行龙。圆牌红底金字，刻满汉蒙三种文字共六行。中间两行为汉字“宽温仁圣”“皇帝信牌”。1636 年皇太极改国号为“大清”，改元“崇德”，上尊号“宽温仁圣皇帝”。此信牌是传达皇帝诏令、调遣官兵的凭证。右为后金天聪五年（1631 年）蒙文“聪明汗之诏”信牌。一面刻贴金蒙文一行，汉译为“聪明汗之诏”。另一面内贴圆形白色高丽纸，上书蒙文十二行，并钤有红色老满文御玺的印文，汉译为“天命大金国汗之宝”。此信牌是后金管理奉差出使蒙古各部时索取役马和食宿的信物。

May

2019

Monday

星期一

27

2019 年 5 月 27 日

农历己亥年 · 四月廿三

清·御赐养老银牌

清代银牌，均藏于首都博物馆。上牌为乾隆五十年（1785 年）所制，长 13.7 厘米、宽 8.4 厘米。外呈龟形，中部椭圆形，横书“御赐”，直书“养老”。另一面中部阴刻“乾隆五十年千叟宴”“重十两”。下牌为嘉庆元年（1796 年）所制，长 13.5 厘米、宽 8.3 厘米、厚 0.5 厘米。横刻“太上皇帝”、竖刻“御赐养老”阳文。另一面光素，中部铭刻“丙辰年”“皇极殿千叟宴”“重十两”阴文。清廷于康熙五十二年（1713 年）、康熙六十一年、乾隆五十年、嘉庆元年共举办四次千叟宴，与会者为 65 岁以上的廷臣士绅和百姓，一方面彰显“皇恩”，另一方面倡导尊老敬老的社会风尚。养老牌赏赐给 70 岁至 90 岁以上的老人，以 5 岁为间隔，设 10、15、20、25、30 两养老牌。据传当年凭御赐养老牌可在其所在地衙门支取养老费用，体现其身份凭证的作用。

May

2019

Tuesday

星期二

28

2019 年 5 月 28 日

农历己亥年・四月廿四

清·太平天国曾荣年腰牌

太平天国木质腰牌，现藏于江苏南京太平天国历史博物馆。牌呈长方形，高 8.7 厘米、宽 5.8 厘米、厚 1 厘米。正面墨书颁发腰牌之官员及受牌人姓名、职务、番号，背面书写诫条，正面还有火印为凭。据清张德坚《贼情汇纂》所记，“凡从至永安州突围之贼，无论伪职大小，悉加功勋二字”，可见此枚腰牌是元勋邹发真发给功臣曾荣年的。腰牌背面墨书文为：“天王诏令，天下官兵，秋毫莫犯，归顺良民，爷哥纲常，大齐同项，倘敢违令，斩首示儆。”太平天国政权以腰牌作为查验防奸的利器，在军队和城市治理中发挥着重要的作用。

May

2019

Wednesday

星期三

29

2019 年　5 月 29 日

农历己亥年 · 四月廿五

清·太平天国腰牌

太平天国木质腰牌，现藏于江苏南京太平天国历史博物馆。牌呈长方形，高 10.7 厘米、宽 8.2 厘米、厚 0. 8 厘米，正面书“太平前队前营又正宰夫邹统下宰差冯道起”，背面有墨书诫条“诫谕众军将，各遵天条命令，及官兵士人等，大齐务宜相亲，尔我若有争闹，一定天法无情，兄弟总要和傩，同心诛灭妖精，各宜修好鍊正，荣功享福尔身”。太平军把悬挂腰牌作为太平天国城市和军队治安管理的重要措施，形成一套严格的查验制度。据《贼情汇纂》记载，太平军在攻克武昌、江宁时，“传令合城百姓赴何处听讲道理，并发给‘外小’腰牌，准其为民。凡外小各报姓名，令先生记簿，按民散给腰牌”。

May

2019

Thursday

星期四

30

2019 年 5 月 30 日

农历己亥年 · 四月廿六

清・提督衙门侦缉队铜牌

清代铜牌，现藏于北京警察博物馆。长方形，四周有圆角。顶端阴刻有阿拉伯数字“233”，底端从右往左阴刻有汉字“二三三號”。中部铸有双龙戏珠纹，中间从右往左横向铸有“提督衙门”，下方竖向铸有“侦缉队”。光绪三十二年（1906 年）九月，清政府实行官制改革，改巡警部为民政部，内、外城巡警总厅分别组建了侦缉队，隶属两厅司法处管辖。依照《侦缉队章程》，侦缉队主要侦缉命盗和其他刑事案犯，以及奉旨严拿的要犯和长官指名的要犯。其队官和队兵凭借侦缉队执照可以直接搜查逮捕现行犯和逃犯。因此牌无可佩带的系孔，故推测为执照等象征提督衙门侦缉队身份的凭证。

May

2019

Friday

星期五

31

2019 年 5 月 31 日

农历己亥年 · 四月廿七

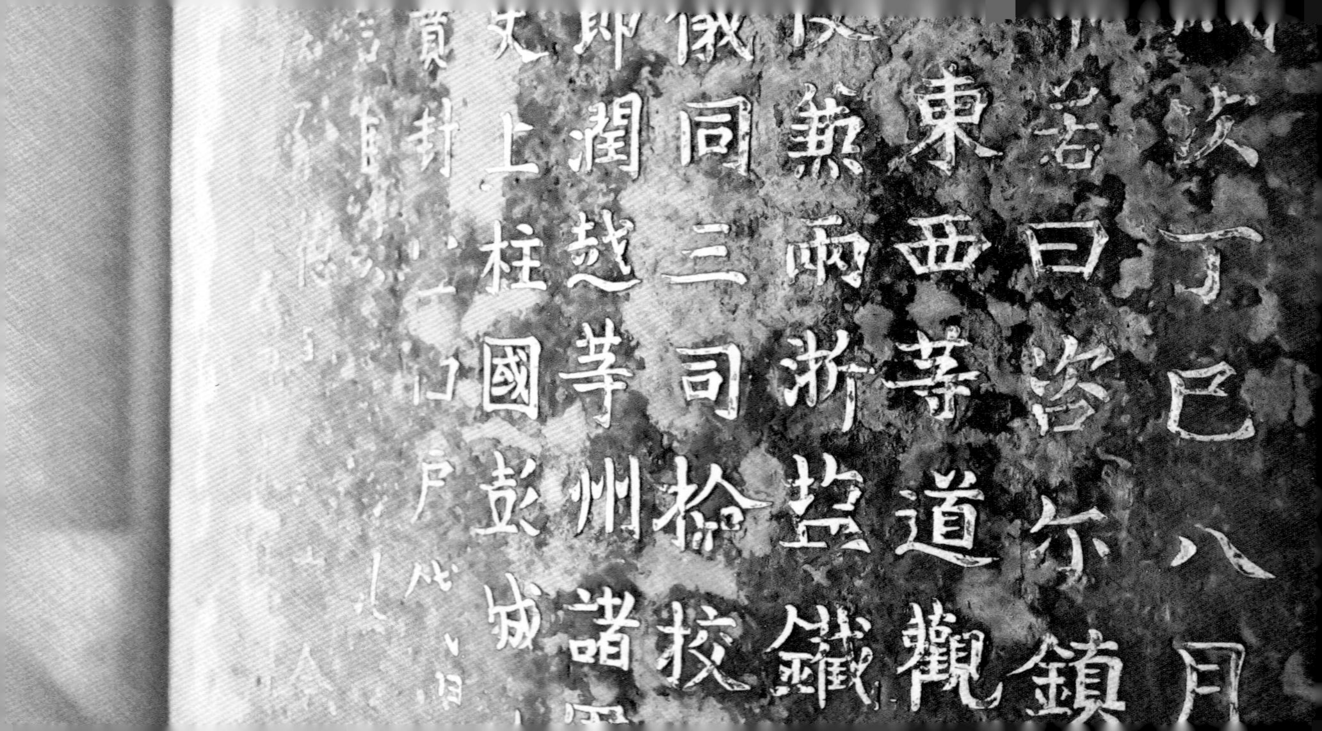

次丁巳八月
日尓鎮
東西等道觀
兼兩浙鹽鐵
儀同三司檢校
郎潤越等州諸
丈上柱國彭城
實封

六月·位之尊

唐·钱镠铁券

JUNE

仰韶文化·彩陶权杖头

彩陶器，1982 年出土于甘肃陇南西和县长道乡宁家庄村，现藏于西和县博物馆。泥质红陶，内中空。高 7.8 厘米、腹径 12 厘米、孔径 2.1 ~ 3 厘米。通体绘彩，上半部饰弧线勾叶纹，下半部以十字形均分四瓣，绘四只背向高飞的变体鸟纹，属仰韶文化庙底沟类型（约前 3900 ~ 前 3500 年）。中央穿孔可以安插木杖。权杖是部族中权力的象征。

June

2019

Saturday

星期六

1

2019年 6月1日

农历己亥年 · 四月廿八

四坝文化·四羊首权杖头

青铜器，1976年出土于甘肃玉门火烧沟墓地，现藏于甘肃省博物馆。外形似细颈小壶，中空。高8厘米，上、下孔径为2.8、2.4厘米。腹部饰四个盘角羊头，下端有四道凹弦纹，銎孔内残存一段木柄。其造型和工艺较为复杂，是四坝文化（约前1900～前1400年）铸铜技术的代表作。此器应是标志部落首领权力的特殊器物。

June

2019

Sunday

星期日

2

2019 年 6月 2 日

农历己亥年・四月廿九

四坝文化·墨玉权杖头

玉器，1976 年出土于甘肃玉门火烧沟墓地，现藏于甘肃省博物馆。墨玉材质。高 6.5 厘米，腹径、孔径分别为 7.6、2 厘米。通体抛光，呈深绿色，中心有一对穿孔，出土时残留木柄痕，属于四坝文化（约前 1900 ～前 1400 年）器物。将此器穿饰于木柄之上，既可以用作武器击打敌人，也是部族首领权威的象征。

June

2019

Monday

星期一

3

2019 年 6月 3 日

农历己亥年・五月初一

春秋·青铜鸠杖杖镦

春秋时期青铜器，1969 年出土于浙江湖州埭溪镇，现藏于浙江省博物馆。出土时仅存杖镦，纵 18.7 厘米。完整的权杖由杖首、杖身、杖镦组成。此杖镦末端为一跽坐俑，双目平视，双手放置膝部。杖原本是有助行走的实用工具，后在宗教仪式中被神圣化与复杂化，而镶有首、镦的木杖被赋予了更特殊的含义，乃至成为权力的象征及重要礼器。

June

2019

Tuesday

星期二

4

2019 年 6 月 4 日

农历己亥年·五月初二

春秋·鸠杖

春秋时期青铜器，1984 年出土于江苏丹徒北山顶春秋墓，现藏于南京博物院。木质杖身已朽，仅存青铜杖首和杖镦。杖全长 229.4 厘米、首长 21.2 厘米、镦长 19.2 厘米、銎径 3.4 厘米。杖首顶端立一只鸠鸟，身饰羽纹。杖镦纹饰同杖首，方向相反。镦末端铸跪坐人俑，双手平放膝头。古代东方部族以鸟为图腾，且鸠在古代有聚集之意。结合墓主吴王余眜的身份，可推测此鸠杖有纠合、指挥民众之用，是一种至高权力的象征。

June

2019

Wednesday

星期三

5

2019 年 6 月 5 日

农历己亥年 · 五月初三

春秋·权杖

春秋时期青铜器，2003 年出土于浙江德清县武康镇龙山村河度里，现藏于德清县博物馆。此杖分杖首和杖镦两段，原应有木质杖身相连，出土时已朽，不存。杖首残高 29 厘米、杖镦高 30 厘米、銎径 4 厘米。杖首铸有坐俑，无耳，右手弯曲向上，左手略残。杖镦跪坐俑头呈桃形，两臂弯曲，胸部与背部均刻有纹饰。持有者当享有相当威望。

芒種

June

2019

Thursday

星期四

6

2019年 6月6日

农历己亥年 · 五月初四

战国·鸠杖首

战国早期青铜器，现藏于首都博物馆。高 12 厘米、长 18.3 厘米。整体为鸠鸟造型。鸟头微低，长喙，小眼。颈部细长，背部与尾部相连，长且平直。下端为圆柱形，中间为銎孔，便于与杖相连。造型便于手握。《周礼·夏官·罗氏》记载："中春，罗春鸟，献鸠以养国老。"春秋称卿大夫、士之致仕者为国老。

位 之 尊

端午

June

2019

Friday

星期五

7

2019 年 6 月 7 日

农历己亥年 · 五月初五

战国·龙首杖

战国时期青铜器，1986 年出土于湖北荆门包山 2 号墓，现藏于湖北省博物馆。杖通长 155.2 厘米。整体为龙头造型，怒目威严。颈部为圆柱体，中间有銎孔，黑色木质杖身穿于其间。杖首以错金银装饰，非常精致，可彰显墓主人的尊贵身份。

June

2019

Saturday

星期六

8

2019 年 6 月 8 日

农历己亥年 · 五月初六

汉 · 铜鸠杖首

西汉时期青铜器，1968 年出土于河北满城汉墓，现藏于河北博物院。高 5.7 厘米，鸠头造型，长喙，双目炯炯。鸠的颈部作椭圆形銎状，长轴径 2.7 厘米、短轴径 2.3 厘米。此应为鸠杖顶端的饰物，但杖已朽。《后汉书 · 礼仪志》载："年始七十者，授之以王杖，餔之糜粥。八十九十，礼有加赐。王杖长九尺，端以鸠鸟之为饰。鸠者，不噎之鸟也，欲老人不噎。"

June

2019

Sunday

星期日

9

2019年 6月9日

农历己亥年·五月初七

汉·铜鸡首仪仗

西汉时期青铜器，1968 年出土于河北满城汉墓，现藏于河北博物院。出土时木质已朽，仅存铜质首和鐏。首呈雄鸡头状，高 8.4 厘米，鸡冠竖立，喙似钩，细部有纹饰，刻画精细。鸡的颈部作椭圆形銎状，长轴径 3.6 厘米、短轴径 3 厘米。銎中有木杖残留。鐏高 15.9 厘米，上段为圆筒形，阴刻两只相对的雄鸡首，风格与杖首相同；下段似蹄状，阴刻涡纹和雷纹。鐏内残存朽木。出土时，首和鐏在同一条直线上，相距 2.1 米，此当为原仪仗长度。

June

2019

Monday

星期一

10

2019 年　6 月 10 日

农历己亥年・五月初八

汉·王杖

西汉木杖，1959年出土于甘肃武威韩佐乡红花村汉墓，现藏于甘肃省博物馆。杖竿长194厘米、直径4厘米，首端饰木质鸠鸟，造型质朴。出土时王杖平置于棺盖上，有鸠一端伸出棺首。与鸠杖同出者有10枚木简，长23.2～23.3厘米、宽1厘米。简文内容为："年七十以上杖王杖，比六百石，入官府不趋。吏民有敢殴辱者，大逆不道，当弃市。"此为"王杖诏书令"的内容，是汉代尊老、养老制度的重要史料和实物见证。

June

2019

Tuesday

星期二

11

2019 年 6 月 11 日

农历己亥年 · 五月初九

汉·铜鸠杖首

汉代青铜器，现藏于中国国家博物馆。在古代，鸠首杖为尊老敬老之物，汉代老人更是以拥有皇帝所赐的鸠杖为荣，故鸠首杖又称“王杖”。《周礼·秋官·伊耆氏》郑玄注载：“年七十当以王命受杖者，今时亦命之为王杖。”王杖长九尺，端以鸠鸟为饰。

June

2019

Wednesday

星期三

12

2019 年　6 月 12 日

农历己亥年 · 五月初十

汉·彩绘木鸠

汉代木雕，1972 年出土于甘肃武威市凉山区柏树乡旱滩坡东汉早期墓中，现藏于武威市博物馆。长 19.5 厘米、宽 4.8 厘米、高 7 厘米。鸠鸟喙略残，作蹲伏状，张口含食，两翼收拢于背部。1981 年在甘肃武威磨嘴子汉墓出土的《王杖诏令册》载明：“高年赐王杖，上有鸠，使百姓望见之，比于节。吏民有敢骂詈殴辱者，逆不道。”简册上还记录了违背诏令案件的判决记录。

June

2019

Thursday

星期四

13

2019 年 6 月 13 日

农历己亥年 · 五月十一

汉 · 漆木鸠杖

西汉漆木雕，2003 年出土于江苏连云港市中云乡华盖山西汉晚期墓，现藏于连云港市博物馆。出土时鸠杖置于棺盖上、廓板下，保存完好。杖由鸠和长杖组成，均木质，通体髹黑漆。鸠鸟高 7 厘米、长 23 厘米、宽 6 厘米，杖长 203 厘米，黑色，头饰鸠鸟，做工精致。东汉应劭根据《周礼》中罗氏“献鸠养老”的记载，认为“汉无罗氏，故作鸠杖以扶老”。鸠首杖被视为古代的“老人证”。

June

2019

Friday

星期五

14

2019 年 6 月 14 日

农历己亥年・五月十二

汉·铜鸠杖首

汉代铜器，1974 年出土于辽宁凌海市东花乡姚家村，现藏于锦州市博物馆。通高 11.3 厘米、长 12.5 厘米。鸠杖在先秦时期是长者地位的象征，两汉时期强调“以孝治天下”，将饰有鸠鸟的王杖赠予年七十以上的老人，使其享受特殊优待。凡敢欺凌、辱骂持鸠杖者及损坏王杖者，均处以重刑。

June

2019

Saturday

星期六

15

2019 年 6 月 15 日

农历己亥年 · 五月十三

汉·羊形金杖首

汉代金器，现藏于河南南阳张衡博物馆。长 4.5 厘米、宽 2 厘米、高 4 厘米。羊为卧姿，背饰勾云纹、谷纹等，前腿饰斜方格纹，后腿饰旋涡纹。腹部下有一椭圆形銎，用以套纳手杖。在考古发现的汉代手杖中，高官士绅墓所出多为鸠首杖，而民间所见杖首则以羊、马等造型居多。

June

2019

Sunday

星期日

16

2019年 6月16日

农历己亥年·五月十四

汉晋·铜鸠车

汉晋铜器。鸠车为儿童玩具。晋人杜夷《幽求子》记载:“年五岁有鸠车之乐，七岁有竹马之欢。”鸠车一般为鸟形，两翼成车轮状，中有一轴，可拉动。与“尊老”相对应,汉代社会亦提倡爱幼，这也是汉代鸠车流行的重要原因。《左传》曾提到:“鸠之养其子，朝从上下，暮从下上，平均如一。”反映出鸠在养子时的舐犊之情。鸠在古代还有平安之意。上图为河南洛阳龙门博物馆藏铜鸠车构件，下图为洛阳博物馆藏西晋三轮铜鸠车，反映了汉代风俗在晋代的延续。

June

2019

Monday

星期一

17

2019 年 6 月 17 日

农历己亥年 · 五月十五

北魏·木雕鸠鸟

北魏木雕，山西省大同市东郊元淑墓出土，现藏于山西博物院。墓葬年代为北魏永平元年（508 年）。木雕长 7.4 厘米、高 3.7 厘米，尾略残。头、颈、胸及背部刻有鱼鳞状花纹，内刻细线，边缘缀以连珠纹，形似羽毛。腹部下有一直径 1 厘米的椭圆銎，用以套纳手杖。北魏鲜卑政权效仿汉制，行王杖制度。据《魏书》记载，太和二十年（496 年）三月丙寅，孝文帝大宴群臣及国老、庶老于华林园，并下诏："国老黄耇已上，假中散大夫、郡守。耆年已上，假给事中、县令。庶老，直假郡县。各赐鸠杖、衣裳。"另《北魏律》还首次确立了存留养亲制度，将孝道精神贯彻于法典之中，影响后世。

June

2019

Tuesday

星期二

18

2019 年 6 月 18 日

农历己亥年 · 五月十六

春秋 · 侯马盟书

春秋时期玉质誓书，1965 年出土于山西侯马秦村晋国遗址，计 5000 余件，现藏于山西博物院。盟书系晋国正卿赵鞅同卿大夫间举行盟誓的约信文书，多书写于圭形玉石片上，长 18 ~ 32 厘米、宽 2 ~ 4 厘米，朱色或墨色，内容计有主盟人誓辞盟书、宗盟类盟书、委质类盟书、纳室类盟书、诅咒类盟书等。在春秋“礼崩”及诸侯争霸的状态下，诸侯国之间举行盟誓的目的主要为释疑取信。玉石上的盟辞一般书写于两份石圭上，一份由主盟人藏于盟府，另一份埋入地下以取信于鬼神。盟誓的约束作用与盟书所载的神明鉴裁的力量是通过隆重而烦琐的仪式获得的。

June

2019

Wednesday

星期三

19

2019 年 6 月 19 日

农历己亥年 · 五月十七

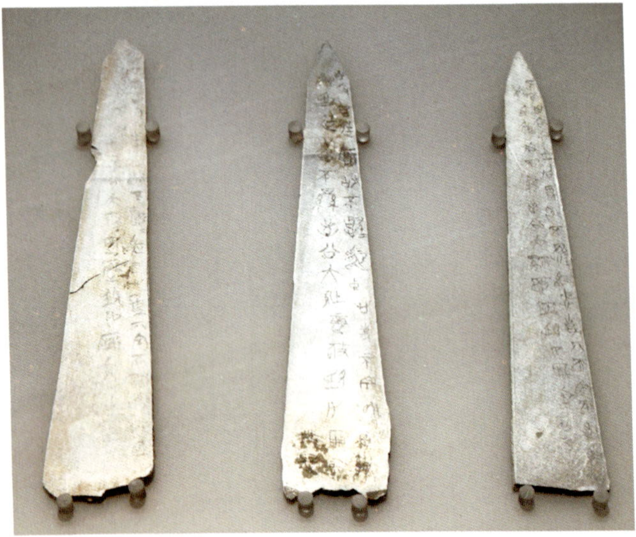

春秋·温县盟书

春秋时期玉质誓书，1980 ~ 1982 年出土于河南温县武德镇晋国遗址，共出土万余片，现藏于河南省文物考古研究院。盟书多刻于玉石质圭形薄片上，长 9.6 ~ 27.1 厘米、宽 3.2 ~ 3.7 厘米，多数已残损，字迹多模糊不清。《周礼·春官》载："作盟诅之载辞，以叙国之信用，以质邦国之剂信。" 郑玄注："盟诅主于要誓，大事曰盟，小事曰诅。" 一般大事指邦国之交往，小事如诉讼。将盟誓之辞书刻于石，意表信守合约。温县盟辞中所涉及的参盟人物或见于侯马盟书，与侯马盟书有一定的联系。

June

2019

Thursday

星期四

20

2019 年 6 月 20 日

农历己亥年・五月十八

唐·武德元年丹书铁券

唐代铁质誓书，现藏于江苏徐州圣旨博物馆。“铁券”指皇帝为奖励功臣所特赐的具有荣耀性质和免死保证的誓约，始于汉初高祖刘邦“与功臣剖符作誓，丹书铁契，金匮石室，藏之宗庙”，具有盟誓的性质，东汉时始有“丹书铁券”之名。持有者除犯叛逆、谋反之罪，可免死。唐武德元年（618年）八月李渊在《褒勋臣诏》中写明：“尚书令秦王李世民、尚书右仆射裴寂、纳言刘文静恕二死；孙长顺、柴绍、窦琼……皆恕一死。”此铁券制于武德元年八月，覆瓦状，长38厘米、高22厘米，重1300克。一年之后，刘文静被唐高祖李渊处死。

位 之 尊

夏至

June

2019

Friday

星期五

21

2019 年 6 月 21 日

农历己亥年 · 五月十九

唐·武则天金简

唐代金简，1982年在河南登封嵩山峻极峰北侧石缝中发现，现藏于河南博物院。久视元年（700年）七月七日“乞巧”日，武则天到嵩山祈福，遣道士胡超向诸神投简以求除罪消灾。金简长36.5厘米、宽8厘米、厚不足0.1厘米，重233.5克，以纯度96%的黄金制成。正面刻双钩楷书铭文3行62字：“上言：大周圀主武曌好乐真道，长生神仙，谨诣中岳嵩高山门，投金简一通，乞三官九府，除武曌罪名。太岁庚子七月庚子七日甲寅，小使臣胡超稽首再拜谨奏。”文中“上”指女皇武则天，“圀”通“国”，“曌”是武则天的名字。道家称天、地、水为“三官”，“九府”泛指各方神仙洞府。“除武曌罪名”意为解除疾厄，以得长生久视。此年武则天77岁，金简及铭刻是研究武则天晚年思想的珍贵史料。

位　之　尊

June

2019

Saturday

星期六

22

2019 年　6 月 22 日

农历己亥年・五月二十

唐·钱镠铁券

唐代铁质誓书，现藏于中国国家博物馆。钱镠（852 ~ 932 年）是吴越国的立国者，曾备受唐王朝的恩宠。乾宁二年（895 年）钱镠为朝廷平定节度使董昌在越州的叛乱，乾宁四年八月，昭宗特赐铁券以示嘉奖。铁券呈覆瓦状，铁质，300 余铭文贴金，故名“金书铁券”。现铭文后部缺损较多，《全唐文》载有全文，结尾处为：“卿恕九死，子孙三死，或犯常刑，有司不得加责。承我信誓，往惟钦哉！宜付史馆，颁示天下。”铁券持有者据此可享有司法特权，亦有护身符的作用。

June

2019

Sunday

星期日

23

2019 年 6 月 23 日

农历己亥年 · 五月廿一

五代·吴越国王告水府银简

五代银简，现藏于浙江省博物馆。吴越国（907 ~ 978 年）由钱镠创建，定都杭州，历三代五王，978 年纳土归宋。钱镠曾在洞府名山遍投龙简，以祈求风雨顺时、国泰民安、家国无忧。历代吴越国王钱镠、钱元瓘、钱弘佐、钱弘俶都曾向杭州西湖、绍兴鉴湖、苏州太湖等水府投入刻有告文的银简。左为钱镠 63 岁告水府文银简，纵 38.2 厘米、横 8.5 厘米，因氧化而呈黑色。右为钱镠第七子钱元瓘53岁告水府文银简，纵32.8厘米、横13.8 厘米。“投龙”仪式一般遇天旱或洪涝时举行，吴越王为祈求“天助”，将刻有祭文的银牌投入湖中。

June

2019

Monday

星期一

24

2019 年 6 月 24 日

农历己亥年 · 五月廿二

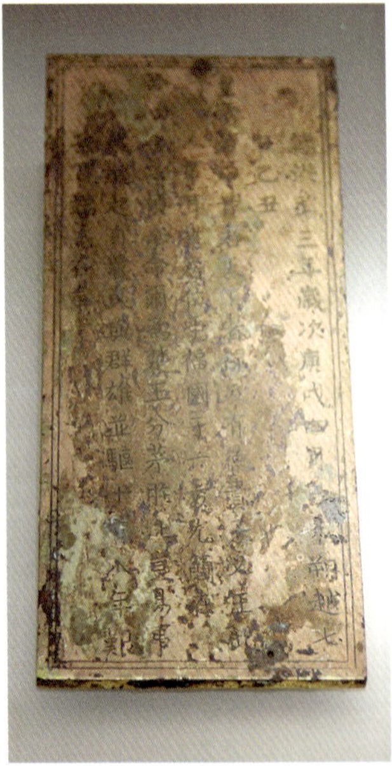

明 · 鎏金铜封册

明洪武封册，湖北武汉江夏区龙泉山楚昭王墓出土，现藏于湖北省博物馆。洪武三年（1370 年）四月，明太祖朱元璋封第六子朱桢为楚王，授金册、金宝，就藩武昌。永乐二十二年（1424 年）朱桢薨，谥曰“昭”。明代的宗室爵位制度十分严格，将皇子王孙封为不同等级：诸皇子封亲王。亲王嫡长子，年及十岁立为王世子，长孙立为世孙。诸子年十岁，封为郡王。朝廷岁赐食禄，在封地设置王府，世袭爵位，享有特权。封册有助于了解明代宗室爵位制度及相关礼仪。

June

2019

Tuesday

星期二

25

2019 年 6 月 25 日

农历己亥年 · 五月廿三

明·梁王妃封册

明宣德封册，2001 年出土于湖北钟祥梁庄王墓，现藏于湖北省博物馆。此为明英宗于宣德八年（1433 年）赐给梁王妃魏氏的封册，也是皇室专用的结婚证书。封册由两块等大的长方形鎏金银板扣合而成。板长 23 厘米、宽 9.1 厘米、厚 0.4 厘米。册文为："维宣德八年岁次癸丑七月壬子朔越三日甲寅，皇帝制曰：朕惟太祖高皇帝之制，封建诸王必选贤女为之配。朕弟梁王，年已长成，尔魏氏乃南城兵马指挥魏亨之女，今特授以金册，立为梁王妃。尔尚谨遵妇道，内助家邦。敬哉。" 梁王是明仁宗朱高炽的第九子朱瞻垍，王府位于今湖北钟祥市。魏氏被册封为梁王妃时 20 岁，梁王 22 岁。正统六年（1441 年）梁王薨，享年 30 岁，谥号为"庄"。

June

2019

Wednesday

星期三

26

2019 年 6 月 26 日

农历己亥年・五月廿四

明 · 亲王妃封册

明弘治、嘉靖金册，2017 年出水于四川眉山市彭山区江口古战场遗址，2018 年在中国国家博物馆展示。左为弘治十四年（1501 年）册封亲王妃金册。册文为："维弘治十四年岁次辛酉二月庚辰朔十二日辛卯，皇帝制曰：朕惟太祖高皇帝之制，封建诸王必择贤女。"右为嘉靖二十三年（1544 年）册封亲王妃金册，册文为："维嘉靖二十三年岁次甲辰十二月乙丑朔二十六日庚寅，皇帝制曰：朕惟太祖高皇帝之制，封建诸王以隆藩屏，必择贤女以为之配。荣。"亲王妃金册，高视太子妃减一寸，余制悉同。册文视亲王。

June

2019

Thursday

星期四

27

2019 年　6 月 27 日

农历己亥年 · 五月廿五

明·荣王及荣王妃封册

明嘉靖册封金册，2017 年在四川眉山市彭山区江口古战场遗址出水，2018 年在中国国家博物馆展示。首代荣王为明宪宗朱见深第十三子朱祐枢，弘治四年(1491 年)册封，正德三年(1508 年)就藩常德府。此为嘉靖十九年（1540 年）册封第二代荣王朱载墐及荣王妃的金册。左为册封荣王金册。册文为：“祖训，笃叙亲亲，兹命荣世孙载墐袭封为荣王，授以金册。尔其恪勤忠孝，亲贤爱民，永为藩辅，钦哉毋怠。”右为册封荣王妃的金册。册文为：“维嘉靖拾玖年岁次庚子拾贰月戊午朔贰拾伍日壬午，皇帝制曰：朕惟太祖高皇帝之制，册封亲王必及其配者，所以重人伦之道，此古今之通义也。尔马氏已封。”金册的内容有助于证明明代藩王的就藩制度和册封礼仪。

June

2019

Friday

星期五

28

2019 年 6 月 28 日

农历己亥年・五月廿六

明·荣王世子朱翊鈖封册

明嘉靖册封金册，左册于2017年在四川眉山市彭山区江口古战场遗址出水，右册为追缴文物，2018年一起在中国国家博物馆展示。两册发现时间不同，但内容连接，是第三代荣王朱翊鈖在嘉靖四十五年（1566年）被册封为世子的金册。金册正面阴刻楷书："维嘉靖四十五年岁次丙寅四月壬戌朔二十一日壬午，皇帝制曰：朕惟亲王之子，长者立为世子，此太祖高皇帝之制也。朕祇承天位，率由旧章，荣王嫡第一子翊鈖年已长成，特封为荣世子，授以金册。其允服诗书，恪敦忠孝，永承藩辅，用副亲亲，钦哉毋怠。"

June

2019

Saturday

星期六

29

2019 年 6 月 29 日

农历己亥年 · 五月廿七

清·御赐和硕智亲王封册

清嘉庆御赐金质封册，现藏于南京博物院。嘉庆十八年(1813 年)，31 岁的旻宁被仁宗嘉庆帝封为“和硕智亲王”（旻宁为嘉庆帝次子，嘉庆二十五年继承皇位成为道光皇帝)，并授赐“和硕智亲王”金印和金册。“和硕”一词来自满语，意为“一方”。在清朝封爵等级中，和硕亲王是第一等爵位，唯皇子、皇兄弟可获此殊荣。金册为四页，汉、满文各两页。清代皇帝授藩属、诸侯、宗族、妃嫔与功臣等以封爵，皆举行一定仪式，对受封者宣读授给封爵名号的诏书（“册文”），宣读后，将册文连同印玺授给被封人，称“册封”。立皇后与封皇贵妃、贵妃、亲王、亲王世子皆金册、金宝（印玺），封郡王及郡王福晋册、印皆银质饰金。

位 之 尊

June

2019

Sunday

星期日

30

2019 年 6 月 30 日

农历己亥年 · 五月廿八

七月·镂之金石

西周·大盂鼎

JULY

商・后母戊鼎

商代中晚期青铜器，1939 年出土于河南安阳殷墟，现藏于中国国家博物馆。鼎身成矩形，通高 133 厘米、口长 112 厘米、口宽 79.2 厘米、壁厚 6 厘米，重 832.84 千克，是目前所知最重的青铜器。双立耳，耳上饰有鱼纹，耳外侧浮雕双虎食人纹；方腹，腹部周缘饰饕餮纹，以云雷纹为底；下承四足，足上端饰有饕餮纹。腹内壁有铭文“后母戊”三字，鼎因此得名。“后母戊”是墓主人的庙号，表明该鼎是商王为祭祀其母亲而铸造，是一件祭祀用的重器。

July

2019

Monday

星期一

1

2019年 7月1日

农历己亥年·五月廿九

商 · 举方鼎

商代晚期青铜器，1957 年出土于山东长清小屯，为一式两件，现藏于山东博物馆。高 23 厘米、宽 14.2 厘米，口长 16 厘米。立耳，略束颈，微鼓腹，四柱足，四隅有扉棱。口沿下饰夔纹，腹饰巨眼凝视的兽面纹，足饰蝉纹。整体造型端庄，纹饰精美。内壁铸有铭文“举且（祖）辛禹亚☐”。“举”在古代有收养之意。此铭文为研究商代礼制和民事活动提供了新的材料。

July

2019

Tuesday

星期二

2

2019年 7月2日

农历己亥年·五月三十

商 · 饕餮纹编铙

商代后期青铜器，1976 年出土于河南安阳殷墟妇好墓，现藏于中国国家博物馆。铙始见于商后期，一般有 5、4、3 枚组合之分，形制、装饰相同，大小相次，用于演奏不同音阶。通高 10 ~ 15.3 厘米，铙体呈合瓦状，外饰饕餮纹。内壁有印章状方形图铭，其中似一人抚琴、一人击磬，可能和掌管乐器的官职有关，对研究商代中晚期的“礼乐”制度有所裨益。

July

2019

Wednesday

星期三

3

2019年 7月3日

农历己亥年·六月初一

商·“作册般”青铜器

商代晚期青铜器，现藏于中国国家博物馆。因作器者为“作册般”而得名。“作册”是商代史官的职官名，“般”为人名。“作册般鼋”高10厘米、长21.4厘米、宽16厘米，鼋颈及背甲上插有箭簇四枚。背甲上有铭文4行、32字，记述丙申日商王行至洹水，与作册般射鼋，商王射一箭，作册般佐射三箭，全部命中，商王将射获的鼋赐给作册般，并吩咐其铭记于庸器。作册般是商代末年的重要史官，同名作器者也见于“作册般甗”“作册般鼎”中。“作册般甗”高44.3厘米、口径27.2厘米，有铭文3行、20字，记载商王因作册般之功绩而赏贝之事。

July

2019

Thursday

星期四

4

2019 年 7 月 4 日

农历己亥年・六月初二

商·人面铜方鼎

商代晚期青铜器，1959 年发现于湖南宁乡县黄材乡，出土时已破损，经修复恢复原貌，现藏于湖南省博物馆。通高 38.5 厘米、长 29.8 厘米、宽 23.7 厘米。鼎身呈矩形，双立耳，深腹，四足。鼎腹部各面饰有人面，人脸宽大，双耳厚重，耳部下有手爪，其形象似为传说中的“有首无身”、贪吃的饕餮。腹内壁上有铭文“大禾”二字，寓意祈祷谷物丰收，故该鼎可认定为祈祷丰年的青铜礼器。

July

2019

Friday

星期五

5

2019年 7月5日

农历己亥年·六月初三

西周·太保鼎

西周早期青铜器，清道光、咸丰年间于山东寿张县梁山出土，现藏于天津博物馆。通高 50.7 厘米、口宽 23 厘米、长 36 厘米。方腹四足，口上铸双立耳，耳上浮雕双兽。鼎腹内壁铸有“大保铸”三字铭文。古金文中“大”和“太”字形相同，“大保”即“太保”。太保是周朝职官名，主要职责是辅助周王。据史书记载，召公是太保，周公是太师，共同辅助周成王。太保召公名奭，周武王死后，他和周公监护周成王。周公负责今河南陕县以东的地方，召公负责陕县以西的地方。召公提倡勤俭为民，深受人民敬仰，《诗经·甘棠》就是为了纪念召公而作。

July

2019

Saturday

星期六

6

2019年 7月6日

农历己亥年·六月初四

西周·大盂鼎

周康王时期青铜器，1849 年出土于陕西郿县礼村，现藏于中国国家博物馆。因作器物者名“盂”而得名，另有“小盂鼎”已亡佚。通高 101.9 厘米、口径 77.8 厘米，重 153.5 千克。立耳，腹部横向宽大，饰以云雷纹、饕餮纹等。鼎内有铭文 19 行、291 字，记录周康王二十三年（前 998 年）九月册命贵族盂之事。康王命令盂辅佐军事事务，要求处理诉讼时务必迅速、谨慎。基于盂的功绩，康王特赏赐他香酒、服饰、车马等。另赏赐盂的祖父南公一面旗子，用来插在狩猎的车上。此外，又赏赐奴隶头目 13 个，一般奴隶 1005 个。盂感激康王的赏赐，特铸造了祭祀先祖南公的鼎。

小暑

July

2019

Sunday

星期日

7

2019年 7月7日

农历己亥年·六月初五

西周·堇鼎

西周早期青铜器，北京房山琉璃河遗址出土，现藏于首都博物馆。高 62 厘米、口径 47 厘米。直耳，鼓腹，三蹄足。耳外侧饰一组相对的夔龙纹，器身及足跟部饰兽面纹。鼎内壁有铭文 4 行、26 字，记述“堇”受匽侯之命，赴宗周颐养召公太保，太保赐“堇”以贝，“堇”特作鼎纪念。铭文中出现的“饴”字可训为“养”，为研究西周时期的养老制度提供了宝贵史料。

July

2019

Monday

星期一

8

2019年 7月8日

农历己亥年·六月初六

西周·伯矩鬲

西周早期青铜礼器，北京房山琉璃河遗址出土，现藏于首都博物馆。通高 30.4 厘米、口径 22.8 厘米。立耳，束颈，袋足，通体以牛首为装饰，造型华丽别致，展示了高超的铸造技艺。器内壁及盖内铸同铭 15 字，记载燕侯赏赐贵族“伯矩”贝及为感念主恩为父造器一事，对研究西周燕国的历史有一定的帮助。

July

2019

Tuesday

星期二

9

2019年 7月9日

农历己亥年·六月初七

西周·折觥

西周早期青铜器，1976 年出土于陕西扶风庄白村，现藏于宝鸡青铜器博物院。通高 28.7 厘米、腹深 12.5 厘米，重 9.1 千克。前有流，后有錾，分为盖与器身两部分。器盖内及底部有铭文 6 行、42 字，记述周昭王十九年（前 977 年）戊子日“折”受王命执行贶赠土地并受赏青铜及奴仆之事，有助于研究西周时期的政治及祭祀制度。

July

2019

Wednesday

星期三

10

2019 年 7 月 10 日

农历己亥年 · 六月初八

西周·召卣

西周早期青铜器，河南洛阳出土，现藏于中国国家博物馆。通高 22.6 厘米、口长 13.9 厘米。卣是盛酒器，同时也是祭器。召卣通体呈圆筒形，有贯耳，口沿下饰有浮雕兽首及夔龙纹带，腰中部有一道箍棱，腹饰斜条蛇纹及云雷纹，足饰蛇纹。器物内壁有铭文 44 字，记述了周王将毕地“方五十里”赏赐给召一事，体现了以方里作为计量单位的井田制，为研究中国古代的土地计量制度提供了宝贵的史料。

July

2019

Thursday

星期四

11

2019 年 7 月 11 日

农历己亥年·六月初九

西周・宜侯夨簋

周康王时期青铜器，1954 年出土于江苏丹徒烟墩山，现藏于中国国家博物馆。器形为大口，圆腹，高圈足。高 17.5 厘米、口径 22.5 厘米。腹部有对称四兽耳，腹饰以凤纹，并有圆涡纹突出；圈足有四扉棱，与四耳相对，圈足亦饰凤纹。器腹内底有铭文计 12 行、120 余字，记述康王改封夨于宜地为宜侯，同时赏赐祭祀用的香酒、代表征伐权力的弓矢及宅邑、土地、奴隶之事，可与《左传》记载的周初分封过程中赐民赐疆土的礼制相对应。

July

2019

Friday

星期五

12

2019年 7月12日

农历己亥年·六月初十

西周·晋侯鸟尊

西周中期青铜器，出土于山西省曲沃县北赵村晋侯墓地，现藏于山西博物院。通高39厘米、长30.5厘米、宽17.5厘米。造型以凤鸟为主体，背上有小鸟，尾下有象首，象鼻与两足触地，通身布满纹饰。凤鸟回眸，小鸟依偎，巨象缩首，造型构思奇妙。盖内和腹底铸有铭文“晋侯作向太室宝尊彝”，表明这是晋侯宗庙祭祀的礼器，对研究西周时期的祭礼有所裨益。

July

2019

Saturday

星期六

13

2019年 7月13日

农历己亥年·六月十一

西周·师旂鼎

西周中期青铜器，现藏于故宫博物院。高 15.8 厘米、口径 16.2 厘米。立耳，鼓腹，圜底，下承三垂足。颈部饰弯角鸟纹，余为素面。器腹内壁有铭文 8 行、79 字，记述了一起有关逃军的军法处罚事件。其大致经过是：三月丁卯日，师旂因其属下的许多仆官不愿随王征伐方雷，遂派属僚“引”将此事告到伯懋父那里。最终伯懋父判令道：不随王出征的仆官应放逐，现在可以免去放逐，但要缴纳罚金与师旂。“引”把此事告知中史写下来，师旂特作器铭记。铭文反映了西周中期仆臣因逃避兵役而遭受处罚的情况，具有极高的史料价值。

July

2019

Sunday

星期日

14

2019 年 7 月 14 日

农历己亥年·六月十二

西周·𤞤组器

西周中期青铜器，现藏于中国国家博物馆。因铭文所刻主人名“𤞤”而得名。目前共发现六件，包括一鼎、三簋、一盉、一盘，每件器上均有铭文，内容涉及西周的册命制度、祭祀礼仪、宗法世系等。𤞤盉器上有铭文计 10 行、78 字，记载了“𤞤”辅佐管理军队，受到周王赏赐，及其祖“戊公”造盉并告诫子孙永远祭祀先人之事。铭文中出现的“右告”等词，开后世公文用语之先河。𤞤鼎正面腹部有明显裂痕。鼎身内壁上有铭文 4 行、30 字，大意是“𤞤”的文考甲公做了尊彝并告诫子孙要朝夕祭祀先人，子子孙孙永远用这些器物祭祀先人。图依次为𤞤盉、𤞤鼎、𤞤盘。

July

2019

Monday

星期一

15

2019 年 7 月 15 日

农历己亥年·六月十三

西周・倗生簋

西周中晚期青铜器。该器物传世有四件，器型、铭文相同。一件现藏于故宫博物院，一件现藏于中国国家博物馆，一件现藏于上海博物馆，余一件不详。图示为中国国家博物馆藏品。倗生簋亦称“格伯簋”，内底有铭文9行、83字，记述格伯以三十田土地交换倗生的四匹马，双方剖木为证，并在书记官吏的见证下确定了土地的界域，倗生遂作此簋记录田产交换一事。铭文反映了贵族间的土地交易并订立契约的现象，为研究西周中晚期的经济及法制提供了重要的线索。

July

2019

Tuesday

星期二

16

2019年 7月16日

农历己亥年·六月十四

西周 · 三年卫盉

西周中期青铜器，1975 年出土于陕西岐山县董家村窖藏，现藏于岐山县博物馆。通高 29 厘米、口径 20.2 厘米。短颈，鼓腹，下承三分档锥形小足，盖、颈、流上饰有夔龙纹。盖内有铭文 12 行、132 字，记述周恭王三年（前 920 年）的一次田土交换转移契约签订的经过。铭文载裘卫用价值贝一百朋的一件瑾璋、两件赤琥、两件麂韨和一件贲韐，换取矩伯的土地十三田。裘卫将此事向执政大臣报告，执政大臣命令三司会同矩伯、裘卫进行授田。该铭文是研究西周中期土地制度的经典史料。

July

2019

Wednesday

星期三

17

2019 年 7 月 17 日

农历己亥年 · 六月十五

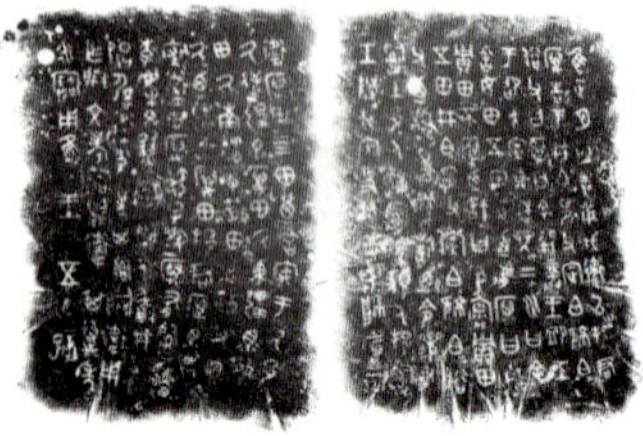

西周·五祀卫鼎

西周中期青铜器，1975年出土于陕西岐山县董家村窖藏，现藏于岐山县博物馆。通高36.5厘米、口径34.3厘米。双立耳，三柱足。腹内铭文207字，记周恭王五年（前918年）正月，裘卫向刑伯、伯邑父、定伯等宰辅官员告发，他和邻人邦君厉之间发生了土地纠纷。经过一番询问之后，在邦君厉同意偿付并有誓言的情况下，经司徒、司马、司空和内史实地勘察、划定地界，裘卫用自己的五田土地，换取邦君厉靠近河川的四田，而了结了官司。

July

2019

Thursday

星期四

18

2019年 7月18日

农历己亥年·六月十六

西周·九年卫鼎

西周中期青铜器，1975 年出土于陕西岐山县董家村窖藏，现藏于岐山县博物馆。通高 37.2 厘米、口径 34.5 厘米。铭文 195 字，记述在周恭王九年（前 914 年）正月底，裘卫用一辆车子及车马器具和皮革等，换取矩的一片林地等。因土地上的林地是颜氏家族的，裘卫又给颜氏夫妇等人送礼，以求能达成这笔交易。最后交易达成，并划定疆界。

July

2019

Friday

星期五

19

2019年 7月19日

农历己亥年・六月十七

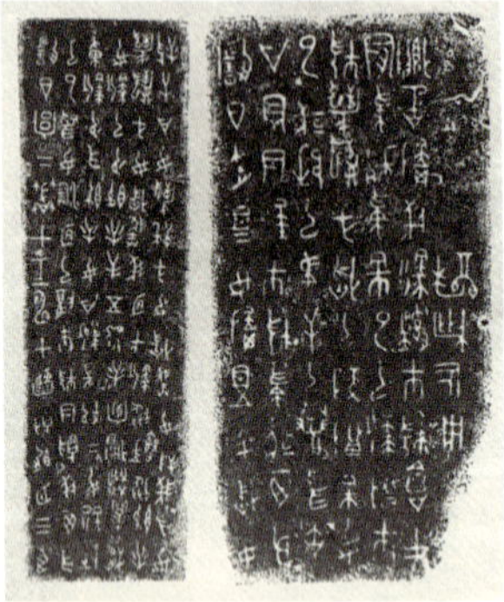

西周 · 㑇匜

西周青铜器，1975 年出土于陕西岐山县董家村窖藏，现藏于岐山县博物馆。高 20.5 厘米、长 31.5 厘米。器形似羊，头部有卷曲二角，身呈琵琶状。内底及盖上刻有铭文 157 字，叙述了“牧牛”因上告他的上司而受到刑罚的经过和结果，是我国迄今所见最早的诉讼案例记录及判决书。铭文中提到的“鞭刑”“墨刑”“剭刑”“先誓”“从誓”“从誓从辞”“师讼”等词汇均与法律相关，可与西周的《吕刑》相印证，对研究西周时期的法律制度有重大的意义。

July

2019

Saturday

星期六

20

2019 年 7 月 20 日

农历己亥年·六月十八

西周·五年琱生尊

西周中期青铜器，2006 年陕西扶风县五郡村窖藏出土，现藏于扶风县博物馆。与传世的“五年琱生簋”“六年琱生簋”（又称召伯虎簋）共称为“琱生三器”，记录了召公把财产与爵位传承给召伯虎和琱生之事。其中，“五年琱生簋”记周宣王五年（前 823 年）正月，召姜与召伯虎到琱生家议事，传达召公关于分家的命令及拟订的分配方案。“五年琱生尊”记五年九月，召姜再次向琱生传述召公的命令及相关要求，相关官吏记录了约定，背约者将受惩罚。尊通高 31 厘米、口宽 32.5 厘米、底径 14 厘米。大口，束颈，腹直而下收，上饰三角纹。两件尊同铭，或者是一式两份，以对协议进行审核校验之用。

July

2019

Sunday

星期日

21

2019 年 7 月 21 日

农历己亥年·六月十九

西周·六年琱生簋

西周中期青铜器，“琱生三器”之一，现藏于中国国家博物馆。耶鲁大学博物馆藏有 “五年琱生簋”，形制、大小与此相同，铭文有异。此簋侈口浅腹，高圈足，鸟兽形双耳。器内壁有铭文 11 行、103 字，可与“五年琱生簋”及“五年琱生尊”所铸铭文相连。“六年琱生簋”记周宣王六年（前 822 年）三月，财产分配交割完成并经过管理官吏的审核，召伯虎把文书交给琱生，琱生送璧致谢。“琱生三器”所记宗族财产分割过程中，既有家族内部的协调，也有官吏的参与，并记载了大量相关礼仪，对于研究周代家族形态、土地制度、法律制度和相关礼制有重要的意义。

July

2019

Monday

星期一

22

2019年 7月22日

农历己亥年·六月二十

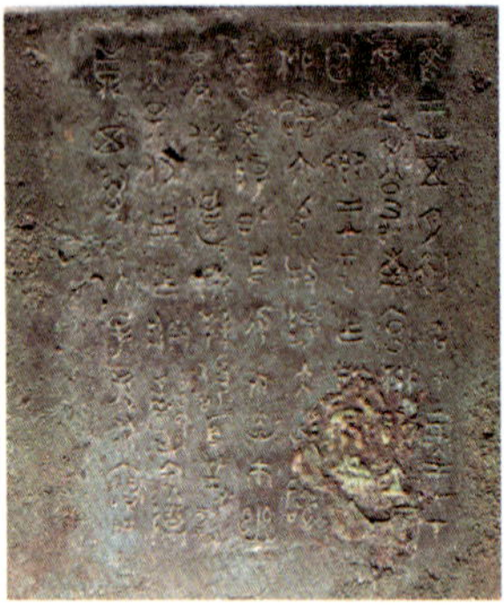

西周·南宫柳鼎

周厉王时期青铜器，据传出土于陕西宝鸡虢镇，现藏于中国国家博物馆。通高38.8厘米、口径40厘米、腹深21.9厘米。双立耳，深腹圜底，下承三蹄足。腹内壁铸有铭文8行、79字，记述了五月甲寅日，周厉王册命“南宫柳”掌管六师牧场及羲夷场的事务并行赏赐之事。周厉王时为扩大王室收入而采取“山林渔泽”专营政策，随后引发了“国人暴动”、“厉王奔彘”及“共和执政”等历史事件。

大暑

July

2019

Tuesday

星期二

23

2019年 7月23日

农历己亥年·六月廿一

西周 · 鬲比盨

西周晚期青铜器，现藏于故宫博物院。通体呈椭圆形，兽首耳，下承四蹄足。器内壁有铭文 12 行、139 字，记述了周王二十五年七月的一天，王在永地的师田宫审理了一场土地纠纷案件，案件以“鬲比”得胜而告终，并获得了大量退田。铭文内容既是土地纠纷案件的判决书，也是涉及土地权属的约剂性文书，反映了周王拥有最高裁判权力，对研究西周的土地制度、司法审判活动等具有重要意义。

July

2019

Wednesday

星期三

24

2019 年 7 月 24 日

农历己亥年 · 六月廿二

西周・散氏盘

西周晚期青铜器，因铭文中有“散氏”得名，现藏于“台北故宫博物院”。通高 20.6 厘米、口径 54.6 厘米。浅腹，双附耳，高圈足。内底有铭文 19 行、357 字，述因夨国侵犯散国边邑而给付散国土地进行赔偿之事，包括赔偿田地的范围和界址，参与勘定田界的双方官员，以及履约誓言。此器反映了西周晚期的“王田私有”“土地交易”等现象，为研究西周晚期的“礼制”及土地制度提供了宝贵的材料，具有较高的史料价值。图为启功藏拓。

July

2019

Thursday

星期四

25

2019 年 7 月 25 日

农历己亥年・六月廿三

西周·毛公鼎

西周晚期青铜器，现藏于“台北故宫博物院”。通高 53.8 厘米、口径 47.9 厘米。双立耳，深腹外鼓，三蹄足，造型端庄，纹饰素朴。腹内铸有铭文 32 行、497 字，为周宣王对毛公的“册命”之辞。铭文先追述了文、武二王时期的升平盛世，次及当下时局艰困，接着周宣王册命毛公治理邦家内外，并对其谆谆告诫，最后赐给毛公命服及车马等物。该文也是现存青铜器铭文中字数最多的一篇。图为清代陈介祺监拓本。

July

2019

Friday

星期五

26

2019 年 7 月 26 日

农历己亥年・六月廿四

春秋·陈侯壶

春秋时期青铜礼器，1963 年出土于山东肥城，现藏于山东博物馆。壶呈扁方体，盖顶有圆角长方形捉手，颈两侧附象首套环大耳，象鼻上扬。器盖及器身刻有相同铭文 13 字，铭为“陈侯乍（作）妫橹媵壶，其万年永宝用”，记述了陈侯为其女赠送陪嫁品一事。媵器的出现或反映了春秋时期女子参与分产的现象，为研究先秦时期女子的财产权等提供了线索。

July

2019

Saturday

星期六

27

2019 年 7 月 27 日

农历己亥年·六月廿五

春秋·秦公簋

春秋时期青铜礼器，传 1921 年出土于甘肃天水，现藏于中国国家博物馆。器物有盖，兽首双耳。盖面和器身饰瓦纹及蟠螭纹，圈足上饰兽面纹。盖及器身有铭文，包含春秋时原刻 104 字，秦汉时加刻 19 字，总计 123 字。春秋原刻铭文记载秦国建国历十二代，声名远播；秦景公继承其祖先功德，抚育万民，文臣武士人才济济，乃作器昭显祖先之德，祈求祖先保佑后世子孙永保四方。秦汉加刻铭文记录了器物的名称及容量，表明秦汉时该器被当作容器使用，反映了秦汉时青铜器由礼器向生活用器的转变。

July

2019

Sunday

星期日

28

2019年 7月28日

农历己亥年·六月廿六

春秋·邾公华铜钟

春秋晚期青铜礼乐器，据传为山东邹县出土，中国国家博物馆、山东博物馆、上海博物馆均有收藏。通高 36.4 厘米、口沿处宽 18.1 厘米。腔体扁长。钟的“钲”（中心处）及“鼓”（右下）共有铭文 75 字。作器者为邾宣公之父邾悼公，即邾公华。据正面“钲”上铭文“铸其龢钟，台（以）恤其祭祀盟祀”，表明该钟的铸造与祭祀、盟祀有关，为研究春秋晚期的“祭礼”提供了新的线索。

July

2019

Monday

星期一

29

2019年 7月29日

农历己亥年·六月廿七

秦·琅琊刻石并二世诏

秦代刻石，刻于秦始皇二十八年（前219年）、秦二世元年（前209年），原在山东诸城县海神祠（今山东胶南县琅邪台五大夫阙），残石现藏于中国国家博物馆。刻石为竖长方体，形制与后来的碑较接近。残石高129厘米、宽67.5厘米、厚37厘米，现存13行、87字，前2行为始皇从臣的官职和姓名，后11行为二世诏书。《史记》卷六《秦始皇本纪》有记载。秦始皇统一全国后巡视郡县，先后七次刻石纪功，以示威强，明令“端平法度”“匡饬异俗”“除疑定法”，强调法制在国家治理中的作用。秦刻石大多毁损，现仅存琅琊刻石和泰山刻石。

July

2019

Tuesday

星期二

30

2019 年 7 月 30 日

农历己亥年·六月廿八

汉 · 簿书残碑

东汉刻石，1966 年出土于四川郫县犀浦，现藏于四川博物院。高 157 厘米、宽 71.5 厘米、厚 9.5 厘米。该碑出土时是作为墓门使用的，且原碑上有后刻人像。碑中记录了约二十户的资产，在每一户主名下将资产逐项记值，可能是官府征赋的依据。

July

2019

Wednesday

星期三

31

2019年 7月31日

农历己亥年·六月廿九

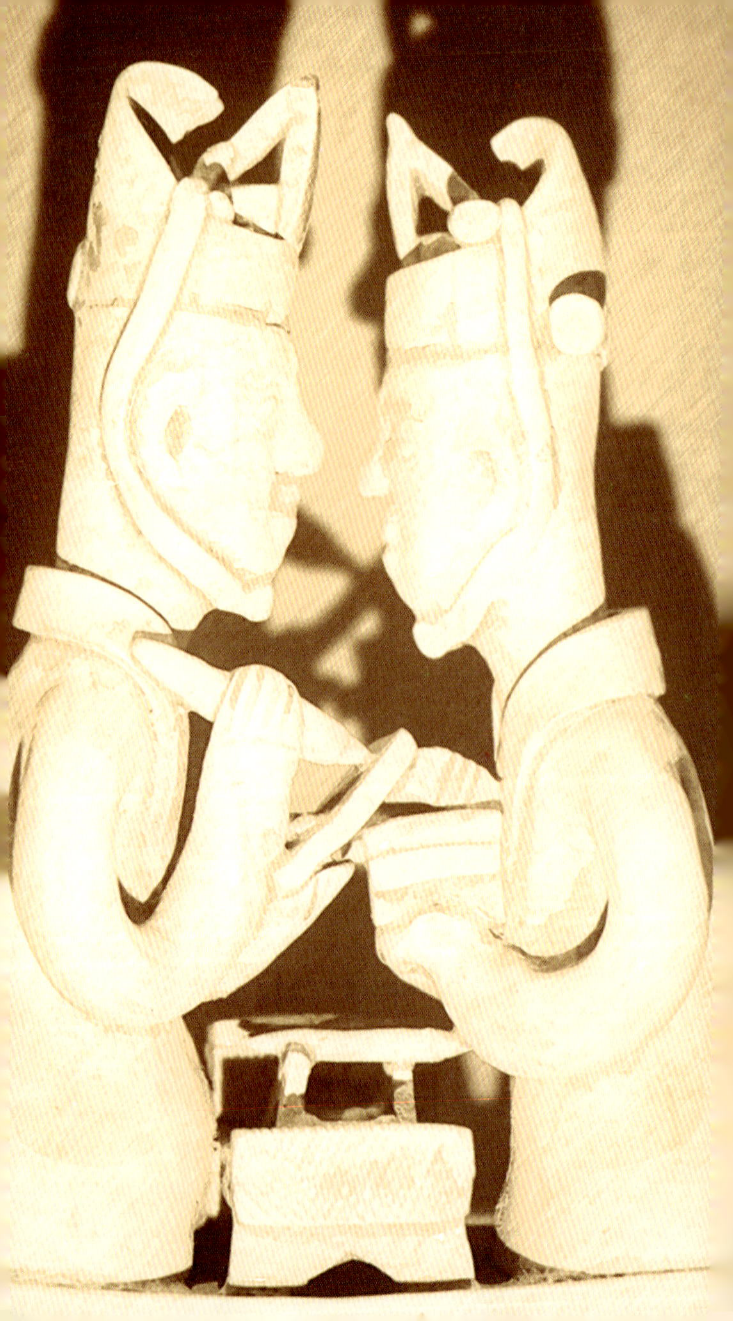

八月·书于简帛

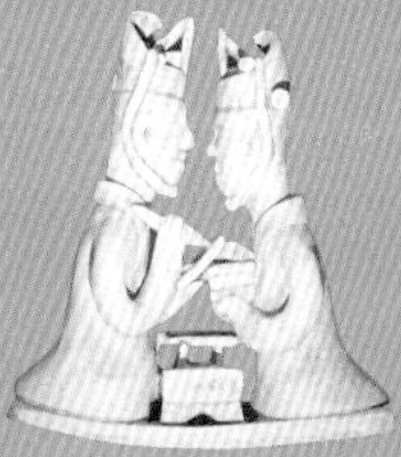

西晋·书写俑

AUGUST

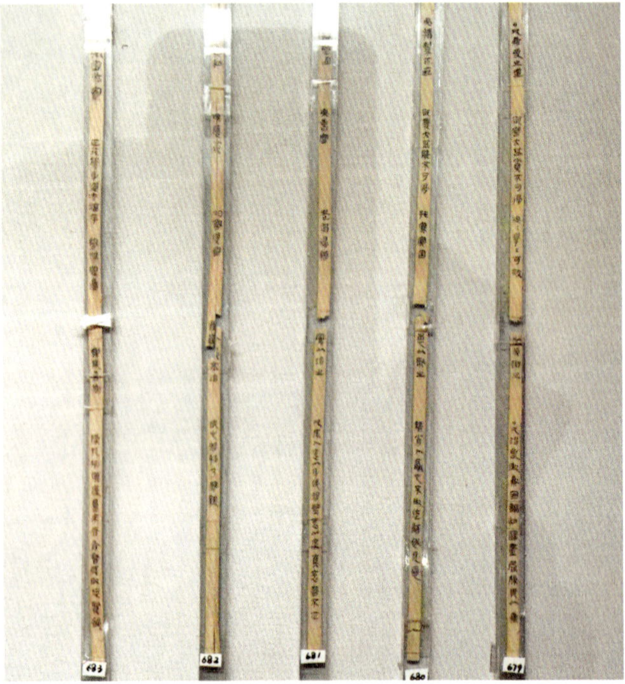

秦·《为吏之道》

秦代官箴竹简，1975 年出土于湖北云梦县睡虎地 11 号秦墓，现藏于湖北省博物馆。出土时同《语书》一起发现于墓主腹下。简长 27.5 厘米、宽 0.6 厘米，计 51 枚，以开篇“为吏之道”四字为篇名，文后附录了两条魏国的法律，即《魏户律》和《魏奔命律》。《为吏之道》的内容主要为官吏的行为准则，包括忠于君主、清廉公正、谦恭爱民、严格执法、宽厚爱民，不得骄傲犯上、独断专行、贪财好货等，与岳麓书院藏秦简《为吏治官及黔首》和北京大学藏秦简《从政之经》等均是了解秦代吏治思想和官吏守则的珍贵资料。

August

2019

Thursday

星期四

1

2019 年 8 月 1 日

农历己亥年・七月初一

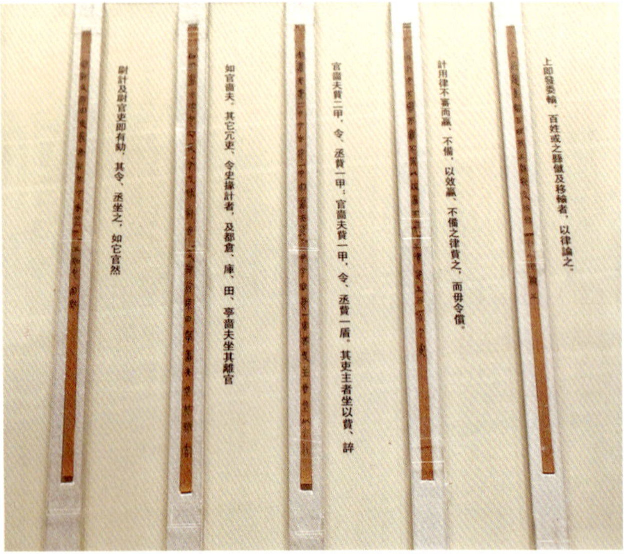

秦·《效律》

秦律竹简，1975 年出土于湖北云梦县睡虎地 11 号秦墓，现藏于湖北省博物馆。出土时位于墓主腹部，计 61 枚竹简。简长 27 厘米、宽 0.6 厘米。标题写于第一支简的背面。现存内容包括官吏离任时的财务交接与审计、度量衡管理、府库管理等，便于政府审计和对产品质量的监管。诸如度量衡器失准、产品管理不善、器物标记与簿籍不合、公器不久刻之类，失职者均要受到严厉处罚。

August

2019

Friday

星期五

2

2019 年 8 月 2 日

农历己亥年・七月初二

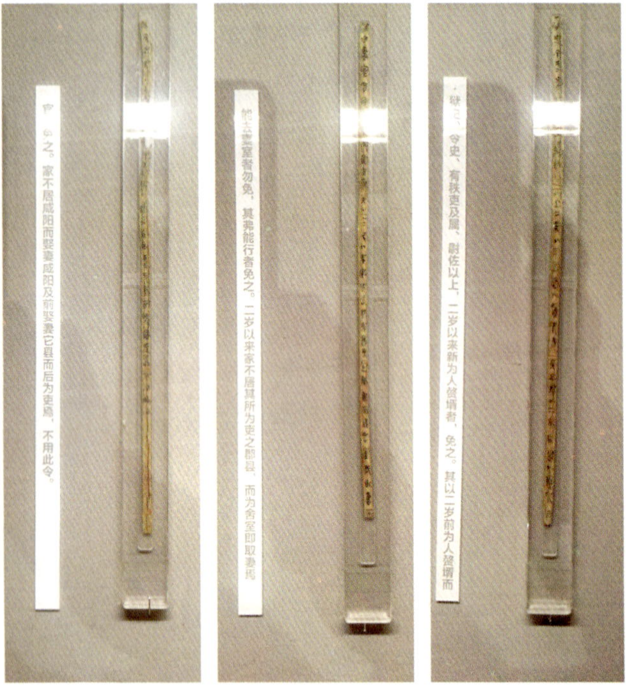

秦·《赘婿》

秦令竹简，现藏于湖南大学岳麓书院。共三枚，单面书写，长27.5厘米、宽0.6厘米。内容主要为对官员婚姻的约束。令文规定，狱史、令史、有秩吏及属、尉佐级别以上的官吏，任职两年以后入赘的，免去官职；在职两年之前入赘而能休去妻室的，可不免；任职两年以后，居家不在他当差的郡县，如果在当地购买房舍而娶妻，免去官职；如果家不在咸阳而在咸阳娶妻，以及之前娶妻于他县而之后在此县当差的，不适用此令。

August

2019

Saturday

星期六

3

2019 年 8 月 3 日

农历己亥年・七月初三

秦·赀债

秦代木牍，2002 年出土于湖南龙山县里耶古城遗址 1 号井，现藏于里耶秦简博物馆。《说文解字》载："赀，小罚以财自赎也。"赀可分为赀布、赀盾、赀甲、赀徭、赀戍等类。木牍记载，在洞庭郡迁陵县服役的 12 名阳陵县戍卒，在原籍有数额不等的官府债务。当地官员到其家追讨过，因家贫而无法缴纳。阳陵县司空向洞庭郡尉发文，要求迁陵县代为追讨。文中对"洞庭郡"的记载对于补正史书阙误具有重要价值，对研究秦代官民债务纠纷及官府索债方式亦颇有意义。

August

2019

Sunday

星期日

4

2019年 8月4日

农历己亥年·七月初四

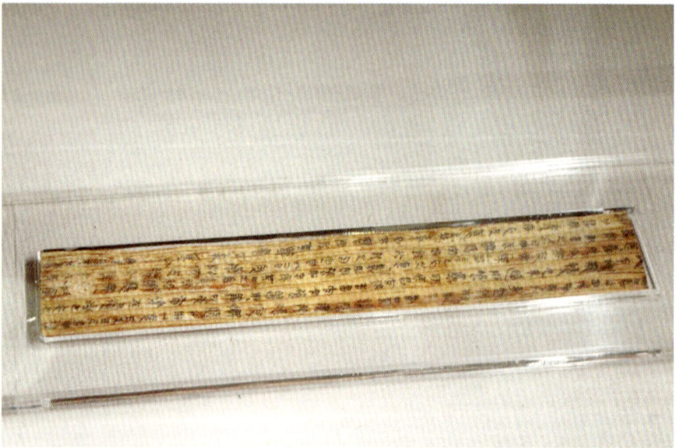

秦·公船丢失案

秦代木牍，2002 年出土于湖南龙山县里耶古城遗址 1 号井，现藏于里耶秦简博物馆。木牍内容大致是，竟陵汉阴人狼因运输积瓦，从迁陵县借走一艘公家船只，没有归还。司空守樛将此事上报，并知会昌官令其归船。昌官上报狼已被逮捕关押，并究问狼公船何在。若船已丢失，债券将移交至迁陵县。秦朝十分重视公物管理，《睡虎地秦简》中的《仓律》《厩库律》《效律》《金布律》中都有相关规定，此木牍对研究秦代的公物管理提供了难得的实证案例。

August

2019

Monday

星期一

5

2019 年 8 月 5 日

农历己亥年・七月初五

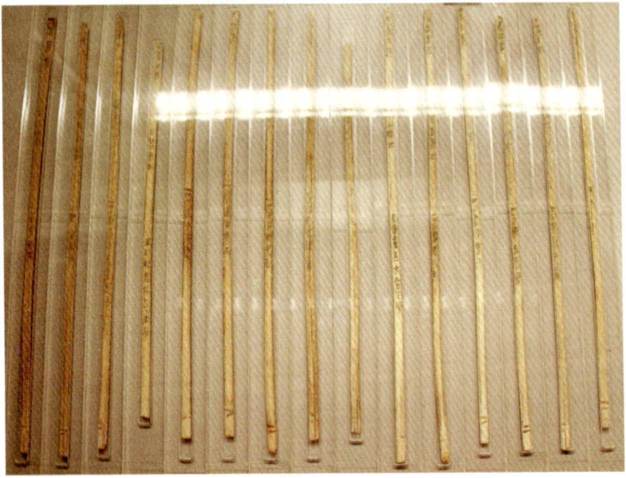

秦·《为吏治官及黔首》

秦代官箴竹简，岳麓书院于 2007 年从香港地区古董市场购得，出土地疑在湖北，现藏于湖南大学岳麓书院。该篇共计八十余枚简，简长约三十厘米，大部分为三栏和四栏抄写。由于残存的编绳盖住文字笔画，可推测是先抄好后再编联。内容可与睡虎地秦简《为吏之道》互为参照，为秦代宦学读物。

书 于 简 帛

August

2019

Tuesday

星期二

6

2019 年 8 月 6 日

农历己亥年 · 七月初六

汉·《仪礼》

汉代木简，1956 年出土于甘肃武威磨嘴子汉墓，现藏于甘肃省博物馆。《仪礼》简现存 496 枚，分为甲、乙、丙三部分，包括《士相见》《服传》等 9 篇。《仪礼》是儒家“三礼”之一，记载了先秦时期的礼制。中国古代法律的一个重要特色是“引礼入法”“礼法融合”，故礼制内容亦是古代法律制度的重要构成。此简是汉代墨写隶书的佳作，也是《仪礼》的最古写本，在版本校勘等方面具有较高价值。

七夕

August

2019

Wednesday

星期三

7

2019 年 8 月 7 日

农历己亥年 · 七月初七

汉·《王杖十简》

西汉诏书木简，1959 年出土于甘肃武威磨嘴子汉墓，现藏于甘肃省博物馆。计木简 10 枚，长 23.2 ~ 23.3 厘米、宽约 1 厘米。简文内容为西汉宣帝、成帝时期关于“年始七十者授之以王杖”的两份诏书。鸠鸟在古代是吉祥、长寿的化身，持鸠杖的老人可享受一系列优待。1981 年磨嘴子汉墓还出土了《王杖诏书令》简 26 枚，简中除记述汉宣帝言“高年赐王杖，上有鸠，使百姓望见之，比于节。吏民有敢骂詈、殴辱者，逆不道”等内容外，还列举了该诏书令在全国执行中的五个案例。两份简册是研究汉代尊老、养老制度的重要史料。

立秋

August

2019

Thursday

星期四

8

2019 年 8 月 8 日

农历己亥年 · 七月初八

汉·驿置道里簿

西汉道路里程木简，现藏于甘肃省文物考古研究所。驿置是汉代驿传机构名称，“置”相当于县级，也称作“县置”，主要建于烽燧旁，是主管信件传递、接待宾客等的独立机构。左为“高平道驿置道里簿木简”，1974 年在内蒙古额济纳旗居延破城子出土。高平是汉代安定郡首县，在今固原市原州区。高平道指从长安经固原至芦阳一段。右为“河西道驿置里簿木简”，记载了丝绸之路由芦阳经武威到敦煌的道路里程。

August

2019

Friday

星期五

9

2019 年 8 月 9 日

农历己亥年 · 七月初九

汉·《康居王使者册》

西汉木简，20 世纪 90 年代初出土于甘肃敦煌悬泉置遗址，现藏于甘肃省文物考古研究所。七枚简长约 23 厘米，右四枚宽 1 厘米，两道编绳尚存，简文字迹清晰、内容完整。悬泉是汉代的重要驿站，经常接待来往西域的朝廷官员、使者和重要客人。简文共 291 字，记述永光五年（前 39 年）康居王使者和苏薤王使者及贵人前来贡献，在酒泉评价贡物时发生了纠纷，朝廷责令敦煌郡和效谷县进行调查上报。简文内容有助于了解当时的行政和司法审判程序。

August

2019

Saturday

星期六

10

2019 年 8 月 10 日

农历己亥年 · 七月初十

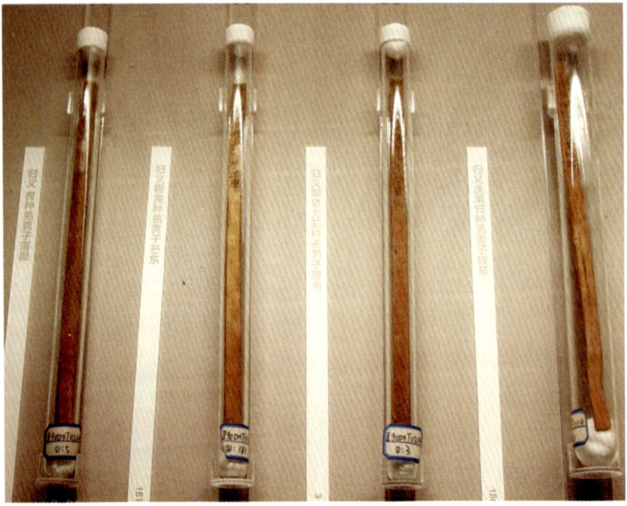

汉·《归义羌人名籍》

汉代木简，1990 年出土于甘肃敦煌悬泉置遗址，现藏于甘肃简牍博物馆。汉代为了吸引少数民族的归附，制定了专门的归义政策，由大鸿胪负责管理。该简是对羌人归义者的登记名册。登记格式是，先标明“归义”二字，而后注明归义羌人的族属、身份（“男子”）、名字等信息，最后一枚是标题简。此简册是了解汉代边疆地区人口管理及民族互动的珍贵材料。

August

2019

Sunday

星期日

11

2019 年 8 月 11 日

农历己亥年 · 七月十一

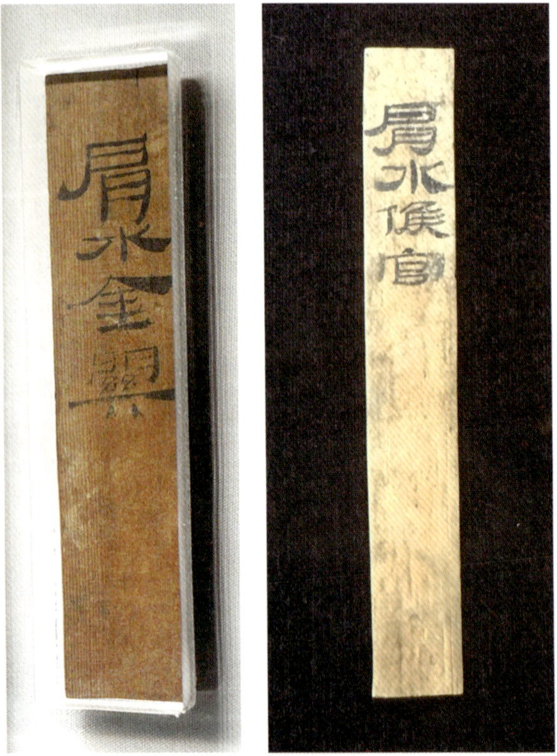

汉·肩水金关签牌

东汉木牍，甘肃肩水金关遗址出土，现藏于甘肃简牍博物馆。肩水金关位于甘肃金塔县，与阳关、玉门关并称为“河西三关”。肩水金关、大湾城、地湾城始建于汉初。大湾城为肩水都尉府所在地，地湾城为肩水候官所在地。汉代张掖郡分肩水都尉和居延都尉南北而治，其中肩水都尉下辖肩水候官、 广地候官、橐他候官、仓石候官、庾候官等。每个候官下又置多个部燧。金关距地湾城约两公里，是肩水候官所属的一座烽燧关城，取名金关含有固若金汤之意。

August

2019

Monday

星期一

12

2019 年 8 月 12 日

农历己亥年 · 七月十二

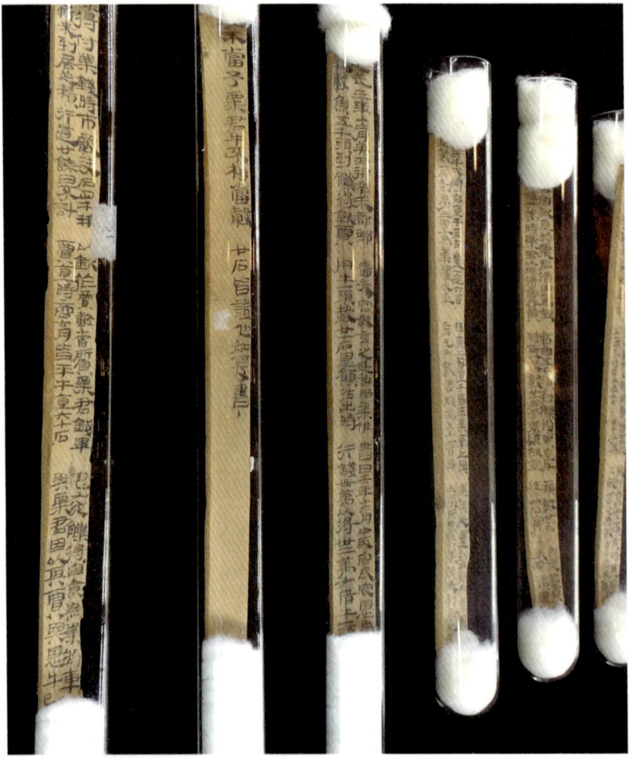

汉·《建武三年候粟君所责寇恩事》

东汉木简，1974 年出土于内蒙古额济纳旗居延甲渠候官遗址，现藏于甘肃简牍博物馆。共计 36 枚简。“甲渠”为地名，“候官”是长城要塞上瞭望防范敌人的哨所。简文记载东汉光武帝建武三年（27 年），寓居居延县的百姓寇恩向甲渠候军事长官粟君要工钱，而粟君不认账，反诬寇恩欠钱。县廷派人调查后，裁定寇恩并不欠粟君的钱。居延县对此案的调查审问形成了宝贵的“爰书”材料，是研究汉朝诉讼制度及边郡地区民政与军事系统职权关系的珍贵史料。

August

2019

Tuesday

星期二

13

2019 年 8 月 13 日

农历己亥年 · 七月十三

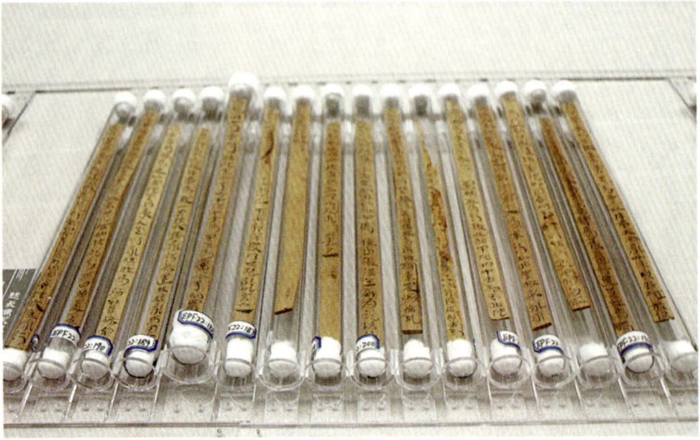

汉·建武三年《死驹劾状》

东汉木简，1974 年出土于内蒙古额济纳旗居延甲渠候官遗址编号 22 号房址，现藏于甘肃简牍博物馆。共计 16 枚简，长 22 厘米、宽 1.2 厘米，书于东汉光武帝建武三年（27 年）十二月。劾状指弹劾、举发，也指揭发过失或罪行的文状。该简内容是判定借马死驹的法律责任。大致案情是：甲渠守塞尉放（单名）向冯姓女子借了一匹马（另有小马驹跟随）到候部去，因该马疲劳，中途又借骑隧长焦永的马，焦永后因办事骑了放的马。第二天，马驹死亡。此责任该由谁负，放和焦永形成纷争。判决结果是放擅自借马，应担负全责。此简册内容完整，对研究汉代马政、边塞行檄、责任追究等制度均有重要价值。

August

2019

Wednesday

星期三

14

2019 年 8 月 14 日

农历己亥年 · 七月十四

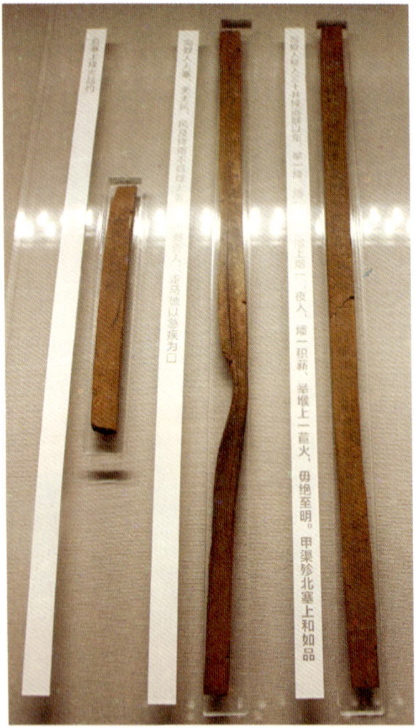

汉·《塞上烽火品约》

汉代木简，1974 年出土于内蒙古额济纳旗居延甲渠候官遗址编号 16 号房址，现藏于甘肃简牍博物馆。共计 17 枚简。“品约”是汉代的一种文书形式，是用于同级衙署之间签订或互相往来的文书。汉代边郡军事系统为郡—都尉—候—隧。汉代张掖郡分肩水都尉和居延都尉南北而治，其中居延都尉下辖居延候官、殄北候官、遮虏候官、甲渠候官、卅井候官等。每个候官下又置多个隧。隧是边防侦察预警系统中最基层的军事单位——哨所。该品约是居延都尉下属的甲渠、殄北、卅井三个要塞临敌报警、燔举烽火、进守呼应、请求驰援的联防公约。《品约》针对敌人的数量、进攻时间和方位的不同，对如何燃放烽火、升降各种预警信号做了详细规定，反映了汉代烽火信号制度之严谨完备。

August

2019

Thursday

星期四

15

2019 年 8 月 15 日

农历己亥年・七月十五

汉·《齐论语》

汉代木简，1973 年出土于甘肃金塔县肩水金关遗址，现藏于甘肃简牍博物馆。简牍释文为："孔子知道之易也，易易云者三日。子曰：此道之美也。"此为《齐论语》中《知道》篇之首章内容。《论语》在古代有"古论""鲁论"和"齐论"三个版本，其中"齐论"在汉魏时期失传。与另外两个版本相比，《齐论语》增加了《知道》和《问王》两篇。2016 年江西南昌西汉海昏侯墓出土的文物中发现了《论语·知道》篇，被认为是《论语》的"齐论"版本，肩水金关《齐论语》简重新受到重视。《齐论语》为齐人所学，当是来自齐地的吏民将其带到边关，反映了汉代的文化交流状况与儒家思想在西北地区的传播。

August

2019

Friday

星期五

16

2019 年 8 月 16 日

农历己亥年 · 七月十六

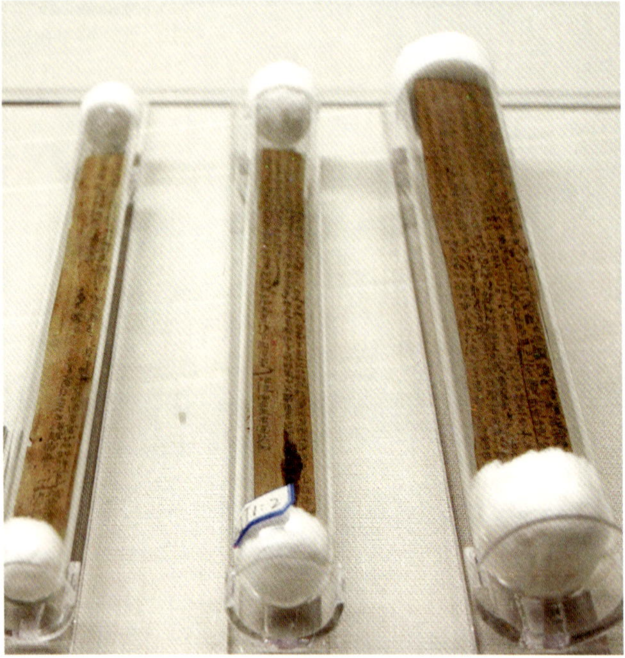

汉 · 《甘露二年丞相御史书》

西汉文书简，1974 年出土于甘肃金塔县肩水金关遗址，现藏于甘肃简牍博物馆。木简三枚，约五百字，内容是西汉宣帝时追查武帝之子广陵王刘胥集团骨干的御史书，相当于现在的通缉令。发令时间为汉宣帝甘露二年（前 52 年），署名为“丞相少史充、御史守少史仁”，通缉犯的罪名是“大逆同产”。通缉令先至张掖太守，张掖太守又将文件下传，形成了包括丞相、御史下文，张掖太守、肩水司马、肩水候逐层传达的完整政令档案。相关内容的残文在甲渠候官也有发现，说明此“通缉令”曾发往全国各地。

August

2019

Saturday

星期六

17

2019 年 8 月 17 日

农历己亥年 · 七月十七

汉·《劳边使者过界中费》

汉新莽木简册，20 世纪 70 年代出土于甘肃金塔县肩水金关遗址，现藏于甘肃简牍博物馆。共计 9 枚简，编绳依旧，墨色如新。简册记载王莽地皇三年（22 年），肩水金关 27 名“吏”共同出钱招待朝廷派遣的劳边使者的饮食，账单中记录了米、羊、酒、盐、豉及调料等的数量和价钱，是了解汉代边塞物价及公务接待制度的难得史料。

August

2019

Sunday

星期日

18

2019 年 8 月 18 日

农历己亥年・七月十八

汉·张掖都尉棨信

汉代边关文物，1973 年出土于甘肃金塔县肩水金关遗址，现藏于甘肃省博物馆。肩水金关遗址在 1930 年、1972 ~ 1976 年、1986 年经过三次考古发掘，共计获得 14,427 枚汉简以及大量汉代遗物，对探讨、复原汉代西北边防机构设置及运转颇具研究价值。棨信为红色织物，长 21 厘米、宽 16 厘米，上面有系，正面墨书鸟虫书“张掖都尉棨信”六字，应为西汉晚期遗物，保存良好。棨信为出入关津用的凭证，以木杆撑高持行。也有学者认为棨信具有传令启闭关门的作用。

书 于 简 帛

August

2019

Monday

星期一

19

2019 年 8 月 19 日

农历己亥年 · 七月十九

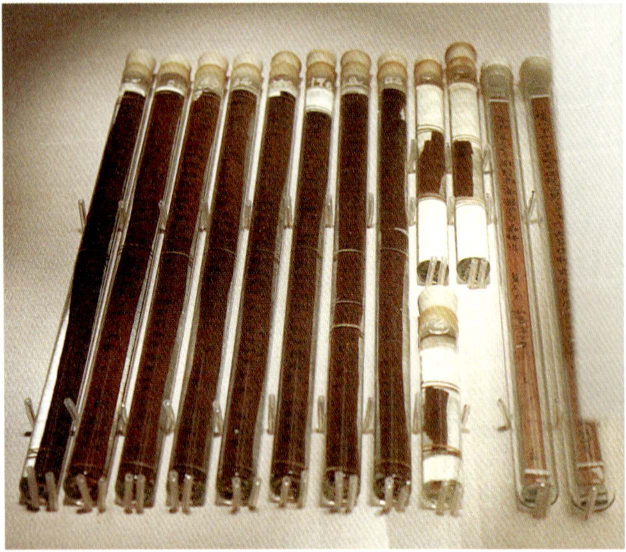

汉·《孙膑兵法》《孙子兵法》

西汉木简，1972年出土于山东临沂银雀山西汉墓，现藏于山东博物馆。《孙膑兵法》又名《齐孙子》，东汉末年失传。作者孙膑，战国齐国人，在齐、魏争雄的桂陵之战和马陵之战中两次击败魏军。竹简共364枚，分上下编，各15篇。《孙子兵法》又称《孙武兵法》《吴孙子》，共13篇。作者孙武，春秋齐国人，后因齐国内乱出奔吴国。两部兵法是我国古代军事政治思想的智慧结晶。

August

2019

Tuesday

星期二

20

2019 年 8 月 20 日

农历己亥年 · 七月二十

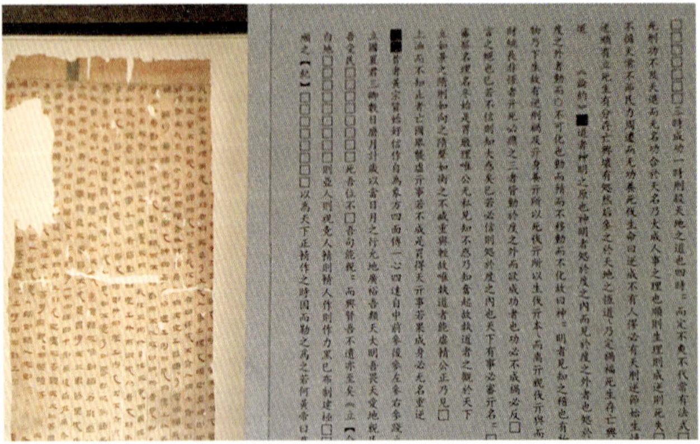

汉·《黄帝四经》

西汉帛书，20 世纪 70 年代出土于湖南长沙马王堆 3 号汉墓，现藏于湖南省博物馆。《黄帝四经》是一部关于“治国之本”的书，由《经法》《十大经》《称经》《道原经》四篇组成。最初发现时附于帛书《老子乙本》前，当时称“老子乙本卷前古佚书”，后被认定为失传已久的《黄帝四经》。《汉书·艺文志》曾经著录此书，成书时期当不晚于战国中期，汉以后失传。《黄帝四经》与《归藏》《老子》《庄子》共为中华民族的源头性经典。

August

2019

Wednesday

星期三

21

2019 年 8 月 21 日

农历己亥年 · 七月廿一

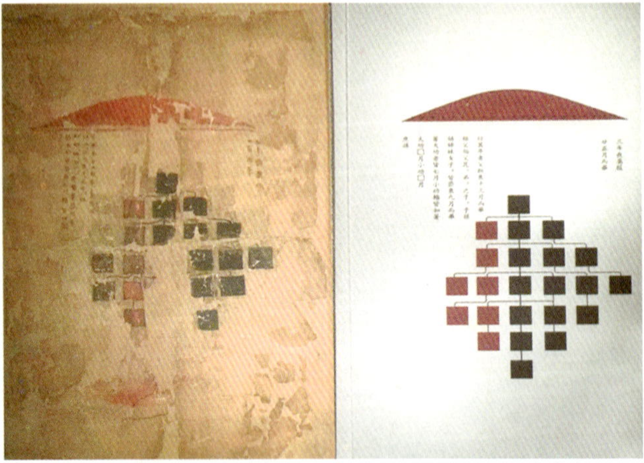

汉·《丧服图》

西汉帛书，20 世纪 70 年代出土于湖南长沙马王堆 1 号汉墓，现藏于湖南省博物馆。绢质，高 48.4 厘米、宽 26.2 厘米，因记载丧服之礼而得名。该图的红色华盖之下，排列着 19 个正方形色块，其中朱色 7 块，黑色 12 块，上下方块之间连以墨线。华盖下左右各有一段关于丧服的文字，其中提到了三年、期年、九月、七月等服丧期，但未言及三月或更短的丧期。有学者认为或许是轪侯家自己奉行的丧服制。丧服是古代礼制的一部分，与法律密切相关。此图是现存最早的丧服图，有助于研究汉代礼制及礼法关系。

August

2019

Thursday

星期四

22

2019 年 8 月 22 日

农历己亥年 · 七月廿二

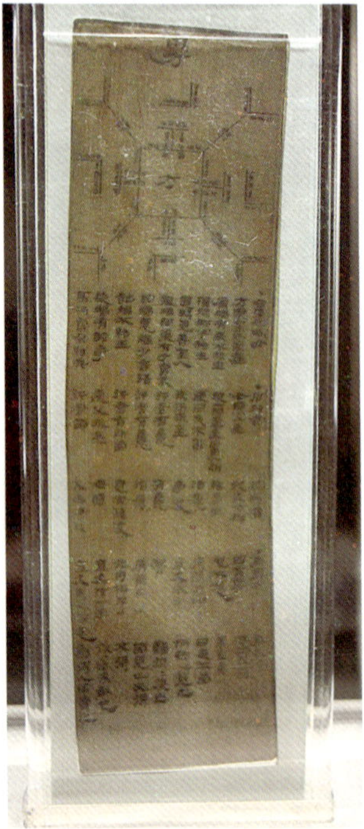

汉 ·《神龟占》

西汉木牍，1993 年出土于江苏连云港东海县温泉镇尹湾汉墓 6 号墓，现藏于连云港市博物馆。长 23 厘米、宽 9 厘米。两面书写。一面为《神龟占》和《六甲占雨》，一面为《博局占》。《神龟占》上段是说明文字，中段绘有神龟图像，是官府用来占卜财物丢失后能否找回以及盗贼姓氏、方向的工具。占卜方法是将神龟头南、尾北、左东、右西、左前足东南、右前足西南、左后足东北、右后足西北八个部位对应八个方向，自神龟左后足开始，按顺时针方向，从当月初一数至占测当天，再从占测文字中查看相应的结果。占卜方法简便易行，充满生活气息。

處暑

August

2019

Friday

星期五

23

2019 年 8 月 23 日

农历己亥年 · 七月廿三

三国·《嘉禾吏民田家莂》

三国吴木简，1996年出土于湖南长沙市走马楼街编号为J22的古井窖中，现藏于长沙简牍博物馆。《嘉禾吏民田家莂》计有木简2141枚（含残片），是嘉禾四年（235年）、五年同类性质简牍的汇总。长49.8～56厘米、宽2.6～5.5厘米，厚0.5～1.6厘米。简牍的书写内容依次为丘名、吏民身份、户主姓名、佃田数额、纳税内容、吏检校日期等，是孙吴地方征收田亩税收的账目，为了解孙吴地区的经济税收状况提供了珍贵的资料。

August

2019

Saturday

星期六

24

2019年 8月24日

农历己亥年·七月廿四

汉晋北朝·佉卢文买卖奴隶木牍

汉晋北朝木牍，新疆安迪尔古城采集，现藏于甘肃省博物馆。约为3～5世纪遗物。上牍长21.3厘米、宽3.7厘米，下牍长13.5厘米、宽3.5厘米。佉卢文为西域古于阗、鄯善诸国曾使用过的一种文字。木简释文大意：“关于那蒂提罗之事，现已做出判决。自即日起，这些女奴归州长吉尼院和鸠摩罗二人支配。彼等有权将其抵押、出售、馈赠他人，为所欲为。汝等要让女奴生育，以带来繁荣，照此办理。”可证当时人口买卖是合法行为。

书 于 简 帛

August

2019

Sunday

星期日

25

2019 年 8 月 25 日

农历己亥年 · 七月廿五

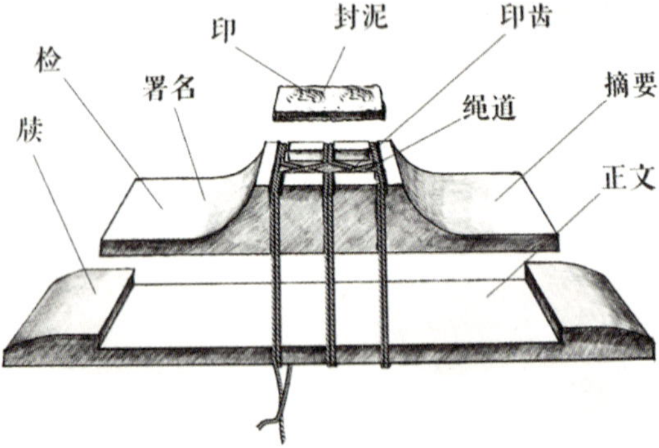

汉晋·佉卢文木牍

汉晋矩形木牍，出土于新疆民丰县尼雅遗址，现藏于新疆文物考古研究所。年代在汉晋之间。胡杨木质，长方形，分上下两部分。上面为盖，下面为函。函盖置于函盒凹槽内，背部隆起，有三道捆扎的槽沟和长方形封泥凹槽。函盖两端横书佉卢文，木牍正面墨书五行佉卢文。新疆博物馆和文物考古研究所收藏尼雅佉卢文木牍数十件，涉及汉晋时期当地民众买卖、租赁、契约等事项。

书 于 简 帛

August

2019

Monday

星期一

26

2019 年　8 月 26 日

农历己亥年・七月廿六

4 世纪 · 佉卢文土地买卖文契

矩形木牍，现藏于中国国家图书馆。以佉卢文书写。封牍、底牍和封泥俱保存完整，且有绳索。佉卢文木牍文书形式常见者有楔形（分尖角楔形与圭角楔形）、矩形、条形、拍板形、椭圆形等，大致因用途不同而异。买卖券契及书信多用矩形木牍。此件木牍记录了鄯善王元孟治下第四年（约 4 世纪初）一月十日的一件土地买卖契约。文书首先列立契时间，次列契约当事人双方姓名身份，再列交易内容，然后是毁约无效约定，以及出证人、书契人和契约时效等，形式要件完备。

August

2019

Tuesday

星期二

27

2019 年 8 月 27 日

农历己亥年・七月廿七

8 世纪 · 于阗文舅卖甥女案牍

木牍，出土于新疆和田，现藏于中国国家图书馆。以于阗文书写，分为底牍、封牍和封泥三部分，皆保存完整。案牍记录了于阗王尉迟伏师治下九年（725 年）发生的一起人口买卖案件，一名年轻女子被亲舅舅出卖给了官员裴捺。文中涉及诸多官职人名，而且明确了于阗王宫坐落于古称“拔伽”的地方，即今天策勒附近老达玛沟一带。

书 于 简 帛

August

2019

Wednesday

星期三

28

2019 年 8 月 28 日

农历己亥年 · 七月廿八

8世纪·于阗文解除契约文牍

木牍，出土于新疆和田，现藏于中国国家图书馆。以于阗文书写，底牍、封牍俱在，封泥不存。封牍尺寸为11.5、15.9、1.4厘米，底牍尺寸为13.5、18、3厘米。文书记载了伏阇达五年（约732年）发生在国都拔伽的一起民事案件。贺悉俱布之子意外身亡，怄悉俱据此与其依法解除了人身依附契约。

August

2019

Thursday

星期四

29

2019 年 8 月 29 日

农历己亥年 · 七月廿九

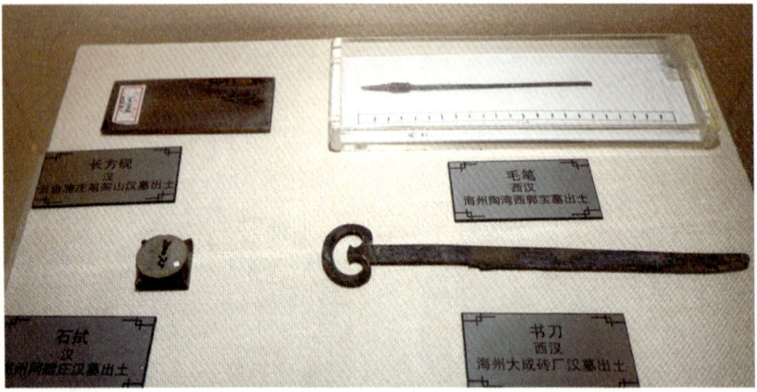

汉·文具

西汉时期简牍书写工具。上图为西汉时期的墨、石砚、研石、铁书刀，1975 年出土于湖北江陵凤凰山，现藏于中国国家博物馆。其中书刀是用来修改简牍上误笔的文具。下图为江苏连云港海州出土的西汉文具，现藏于连云港市博物馆。其中毛笔出土于西郭宝汉墓中，笔杆末端有残，残长21.2厘米。木质笔管，笔毫为兔毫，制作精细。上述文具均为简牍书写所必需。

August

2019

Friday

星期五

30

2019 年 8 月 30 日

农历己亥年・八月初一

西晋 · 书写俑

西晋青瓷俑，1958 年出土于长沙市金盆岭 9 号墓，现藏于湖南省博物馆。冥器，高 17.2 厘米、板长 15.5 厘米、宽 7.8 厘米，出土于西晋永宁二年（302 年）纪年墓中。瓷俑头戴进贤冠，身着交领长袍，应为文吏。中间置书案，案上有笔架、砚等。一人握笔在牍版上书写，另一人手持东西让书写者藉垫。两俑若有所语。有人称其为“对书俑”或“校雠俑”，刻画了古人书写简牍时的形象。

书 于 简 帛

August

2019

Saturday

星期六

31

2019 年 8 月 31 日

农历己亥年 · 八月初二

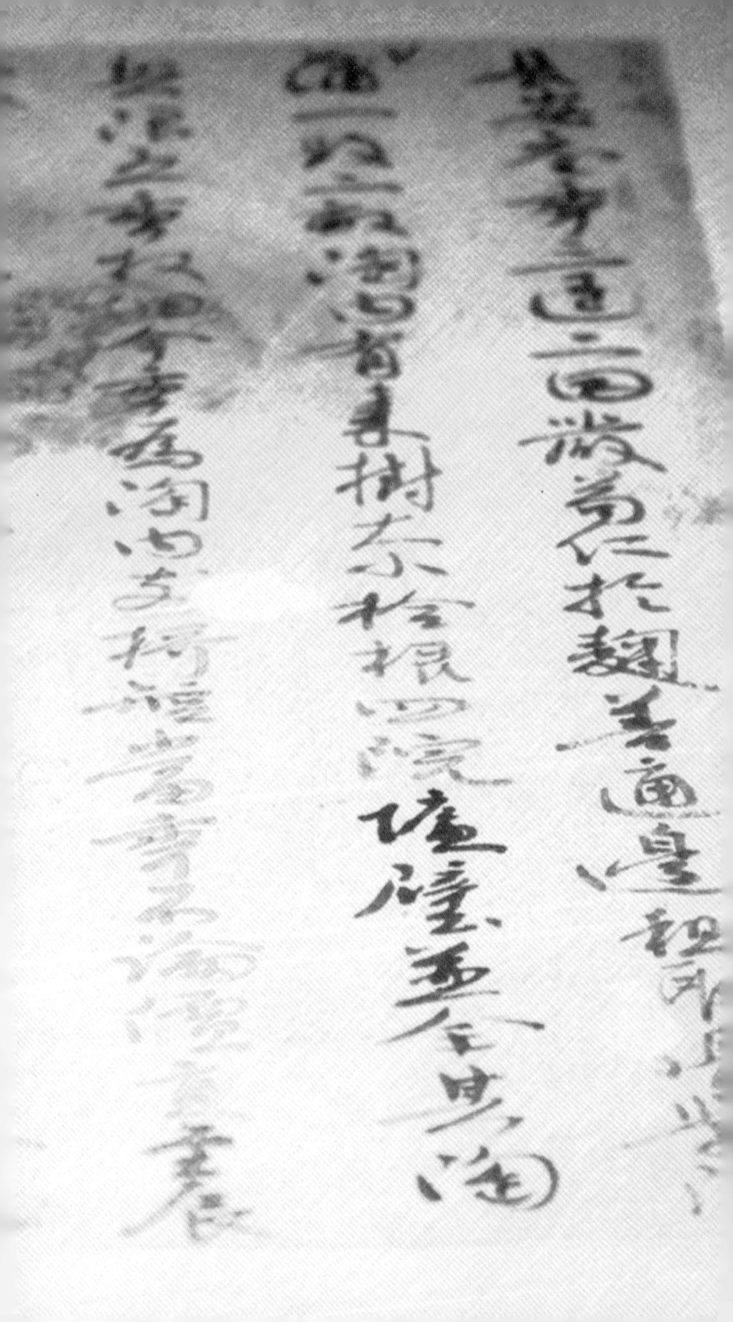

九月·纸本文献

唐·租葡萄园契

SEPTEMBER

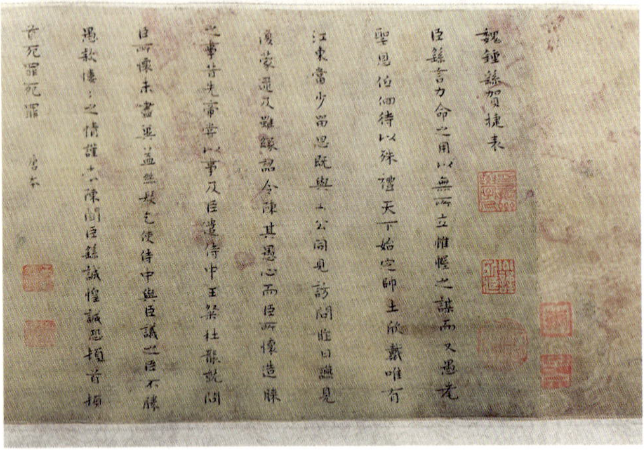

三国·魏钟繇《力命表》（王铎临本）

三国文书，明书法家王铎临本。“表”是古代臣子向帝王上书陈情言事的一种文体。南朝刘勰《文心雕龙》载：“章以谢恩，奏以按劾，表以陈情，议以执异。”晓之以情，是“表”不同于其他文体的特征。古代各种文书均有固定格式，“表”以“臣某言”开头，以诚惶诚恐、顿首顿首、死罪死罪之类的话结尾。钟繇墨迹今已无存，唐代有钟繇《力命表》《荐季直表》《宣示表》等帖的摹本，此系明书法家王铎据唐本临摹。

September

Sunday

2019

星期日

1

2019 年 9 月 1 日

农历己亥年·八月初三

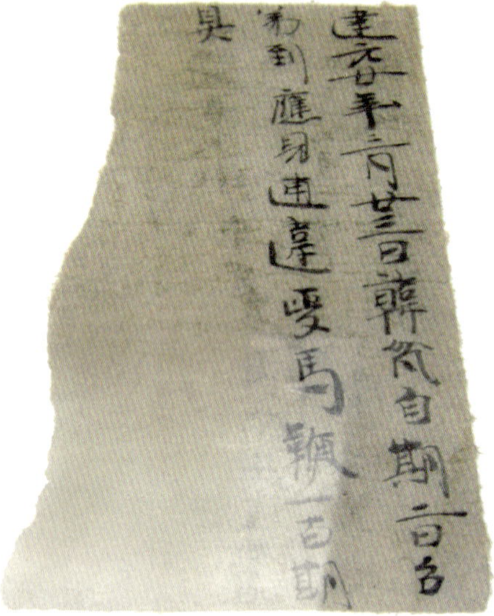

4 世纪・前秦文书

吐鲁番文书，1959 年出土于新疆吐鲁番阿斯塔那墓葬，现藏于新疆维吾尔自治区博物馆。前秦（351 ~ 394 年）是东晋十六国时期的政权，因所据为战国时秦国故地，故以此立国号。券文载："建元廿年（384 年）三月廿三日，韩瓮自期二日召弟到应见。逋违，受马鞭一百。期具。""建元"为前秦宣昭帝苻坚的第三个年号。券文内容系韩瓮向当地官府保证，在二日内一定召弟到官府听候差遣，如果违背，愿受一百马鞭的惩罚。券文类似于今天的保证书，反映了前秦攻灭前凉后大规模行军徙民的史实。

September

2019

Monday

星期一

2

2019 年 9 月 2 日

农历己亥年·八月初四

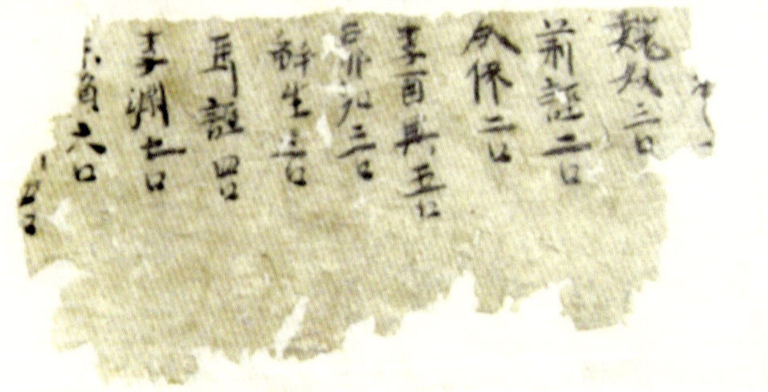

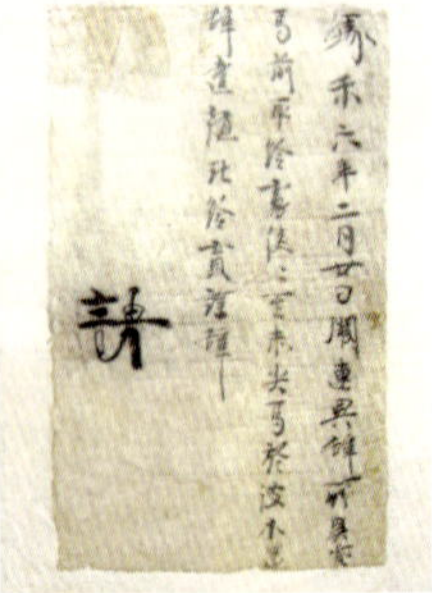

4 世纪・北凉文书

吐鲁番文书，出土于新疆吐鲁番阿斯塔那墓群，现藏于吐鲁番博物馆。北凉（397 ~ 460 年）为十六国时期的政权，最强盛时控制今甘肃西部、宁夏、新疆、青海等地。上为户籍残卷，文载："（前缺）魏奴三口，荆诬二口，成保二口，李酉兴二口，石卯弘三口，解生三口，马诬四口，李渊七口，宋负六口，□□□四口（后缺）。"记载了吐鲁番地区在北凉政权中期的姓氏简况。下为阚连兴辞，文载："缘禾六年二月廿日，阚连兴辞：所具赀马，前取给虏使。使至赤尖，马于彼不还。辞达，随□给贾。谨辞。谀（画押）。"缘禾六年为 437 年。此为一件下级官员向上级奏报关于马匹事宜的上行辞式文书，为研究北凉政权的计赀养马制度提供了原始材料。

September

2019

Tuesday

星期二

3

2019 年 9 月 3 日

农历己亥年·八月初五

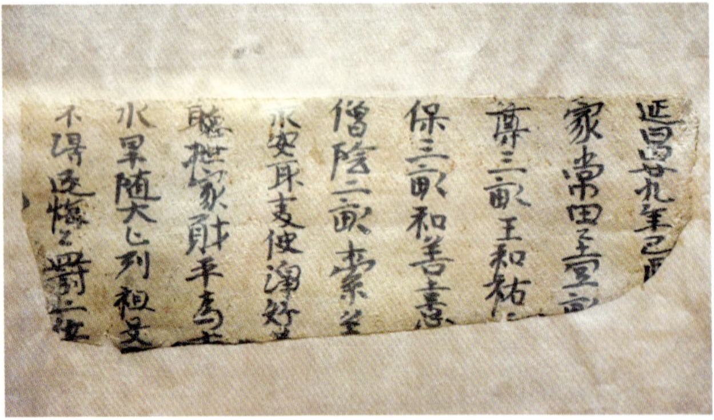

6 世纪 · 高昌文书

吐鲁番文书，出土于新疆吐鲁番阿斯塔那 365 号墓，现藏于新疆维吾尔自治区博物馆。此件是高昌延昌二十九年（589 年）王和祐等人分夏田合券。所有权人王和祐以“家常田壹亩，尊三亩……保三亩，和善熹……僧阴二亩”等财产作为担保，保证“永安取麦，使净好”。券文还约定“听拙家财，平为麦（直）”，即以债务人财产为担保。当时高昌通行的私人债务契约对违约者有两种处理方法，一是加息作罚，二是拙家抵值，并多以“不得反悔，悔罚二倍”作结语。

September

2019

Wednesday

星期三

4

2019 年　9 月 4 日

农历己亥年・八月初六

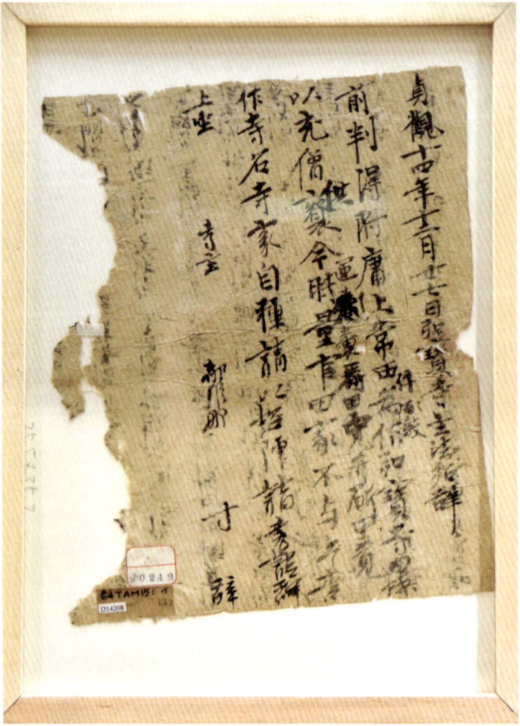

唐·起诉词状

吐鲁番文书，新疆吐鲁番阿斯塔那墓葬出土，现藏于新疆维吾尔自治区博物馆。此件为贞观十四年（640 年）西州高昌县弘宝寺主法绍因土地耕种权而起诉的文书。诉辞载“前判得附庸上常田，为作弘宝寺田业，以充僧供食”，可知此案原经官府判决，寺主法绍所诉的官田由当地经营官田户代为耕种，田地收益供僧人食宿之用。后因经营户未向僧人交纳田租，并且将粪土运送到该田中，故弘宝寺主法绍再次提起诉讼，要求将此官田转由僧人自种以解决食宿之需。

September

2019

Thursday

星期四

5

2019 年 9 月 5 日

农历己亥年·八月初七

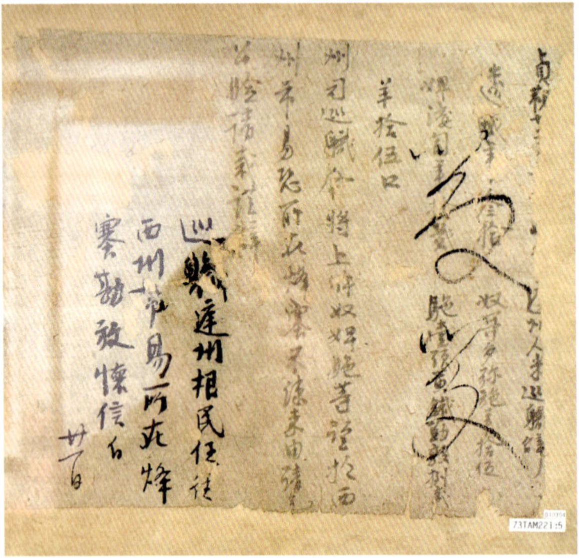

唐·公验文书

吐鲁番文书，1973 年出土于新疆吐鲁番阿斯塔那 221 号墓，现藏于新疆维吾尔自治区博物馆。文书形成时间为贞观二十二年（648 年）。唐代交通管理严格，凡官员、百姓等外出，度关津、烽塞等处，必须持有官方发放的通行路证——“公验”或“过所”。一般由请者先向官府申牒请给，官府严审后判给。此件文书第 1 ~ 7 行是“米巡职”申请公验的牒文，第 8 ~ 11 行是州司的判语及签署。“米巡职”携带奴、婢等由庭州到西州市场。从姓氏判断，“米巡职”当是昭武九姓米国胡人，落籍庭州，故文书称他是庭州人。奴“哥多弥施”、婢“娑匐”应为突厥人。奴 15 岁，婢 12 岁，将被带到西州市场，与驼、马一同出售。

September

2019

Friday

星期五

6

2019 年 9 月 6 日

农历己亥年・八月初八

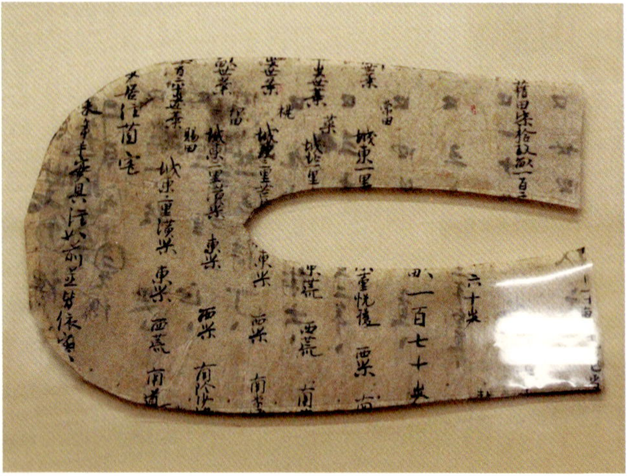

唐·西州户籍手实

吐鲁番文书，1969 年出土于新疆吐鲁番哈拉和卓墓地 39 号墓，现藏于新疆维吾尔自治区博物馆。此件手实已经过剪裁，内容不完整，形成时间为唐贞观十四年至二十三年（640 ~ 649 年）。手实是唐代民户向官府申报户口、土地的文书。《新唐书·食货志》载："凡里有手实，岁终具民之年与地之阔狭，为乡帐。"乡帐是官府编造户籍、划分户等、征收赋役的依据。唐代西州手实的内容包括家口姓名、性别、年龄、身状，土地地段、亩数、四至。为保证民户据实申报，《唐律疏议》分别规定了申报人、家长、里正、州县官不依法登记户口的刑罚。西州户籍手实的存在表明唐中央政府的政令在西州地区得到了贯彻和实施。

September

2019

Saturday

星期六

7

2019 年 9 月 7 日

农历己亥年・八月初九

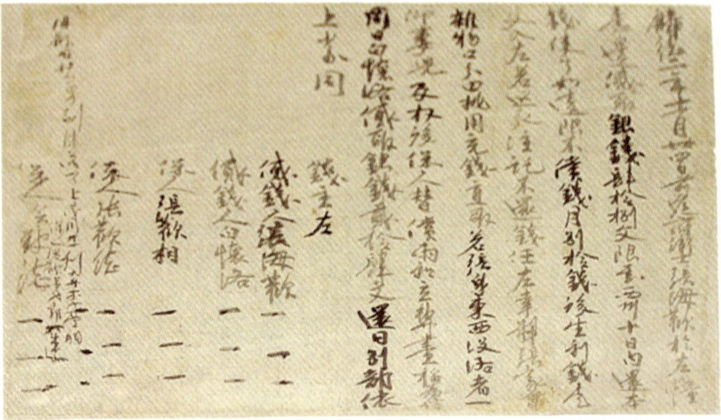

唐·贷银钱契

吐鲁番文书，1964 年出土于新疆吐鲁番阿斯塔那 4 号墓，现藏于新疆维吾尔自治区博物馆。麟德二年（665 年），张海欢、白怀洛于左憧憙处贷取银钱 48 文，于是立此契约。敦煌吐鲁番契约文书记载了西部地区普通民众的社会生活，亦反映出当时社会民众的契约理念较为发达。

白露

September

2019

Sunday

星期日

8

2019 年 9月8日

农历己亥年·八月初十

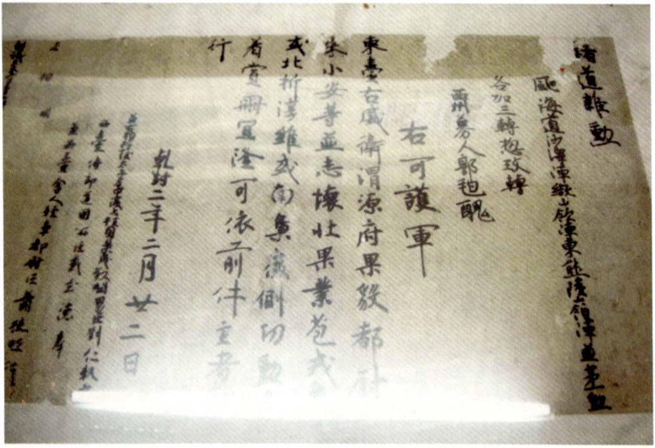

唐 · 勋官护军告身

吐鲁番文书，1965 年出土于新疆吐鲁番阿斯塔那 346 号墓，现藏于新疆维吾尔自治区博物馆。告身是官府颁发的授官任职的证明文书。根据委任官员身份品级的不同，告身可以分为册授、制授、敕授、旨授、判补等类型；根据内容，可分为官告、勋告、命妇告等。此件告身为勋告，郭因战功于乾封二年（667 年）受勋，但此件是抄本而非原件。文书内容揭示了 7 世纪中叶的西域形势，同时也是了解唐麟德、乾封《公式令》规定的告身式的重要史料。

September

2019

Monday

星期一

9

2019年 9月9日

农历己亥年・八月十一

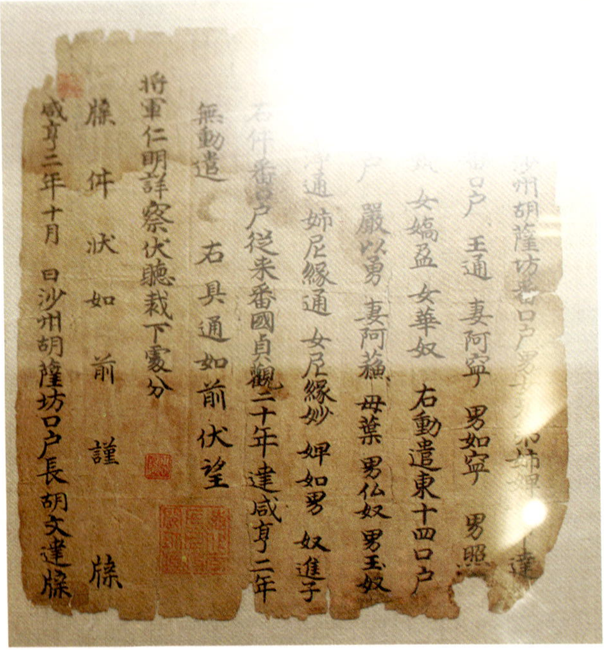
沙州胡薩坊番口户男女
番口户 王通 妻阿寧 男如寧 男照
女嫣盈 女華奴 右動遣東十四口户
户 嚴以勇 妻阿蕤 母蕖 男仏奴 男玉奴
通 姉尼緣通 女尼緣妙 婢如男 奴進子
右件番口户從来番國貞觀二十年達咸亨二年
無動遣 右具通如前伏望
将軍仁明詳察伏聽裁下處分
牒 件 狀 如 前 謹 牒
咸亨二年十月 日沙州胡薩坊口户長胡文達牒

唐·户籍文书

敦煌文书，现藏于天津博物馆。残，内容为唐咸亨二年（671 年），沙洲（治所在敦煌）胡萨坊口户长胡文达向上级申报坊内外来番户的文书。胡萨坊是当时中亚和西域各国人口在敦煌的聚居区。此牒内所报番口户，在坊内已居住了 25 年。唐代户籍管理严格，户籍 3 年修订一次，基层政权每年要逐级向上汇报情况，经汇总后转报尚书省。牒式文书有上行、平行、下行三种，此牒结尾用“谨牒”，是上行牒文的标志性用语。

September

2019

Tuesday

星期二

10

2019 年 9 月 10 日

农历己亥年 · 八月十二

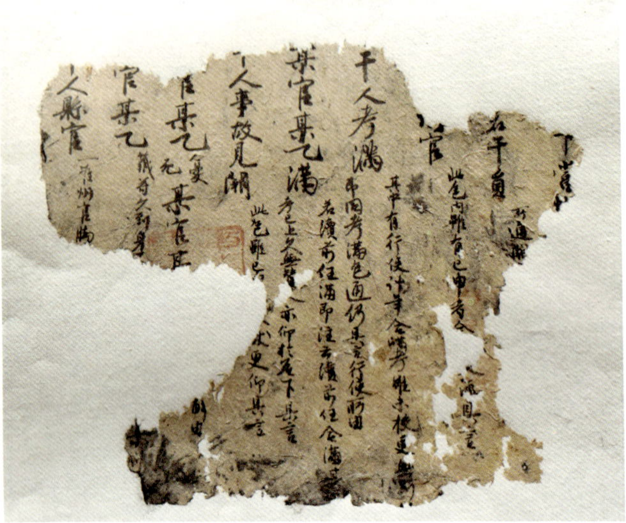

唐·铨选文书

吐鲁番文书，2004 年出土于新疆吐鲁番巴达木 2 号台地中部 207 号墓，现藏于吐鲁番博物馆。残，完整内容应包括两部分：一是东都尚书吏部所定申报阙员状样，即《东都尚书吏部符》的附件，附在文书之前；二是符文本身，其内容是令全国州县依状样统计阙员，申报尚书省，羁縻州和蕃州需置汉官一同申报，用于铨选。文书有钤盖朱文“东都尚书吏部之印”，且由时任尚书吏部员外郎的魏求己起草、签署，表明此符系由东都吏部下行全国州县。此为一组文书中的一件。该组文书对于把握唐代前期铨选制度的演进具有重要意义。

September

2019

Wednesday

星期三

11

2019 年 9月 11 日

农历己亥年・八月十三

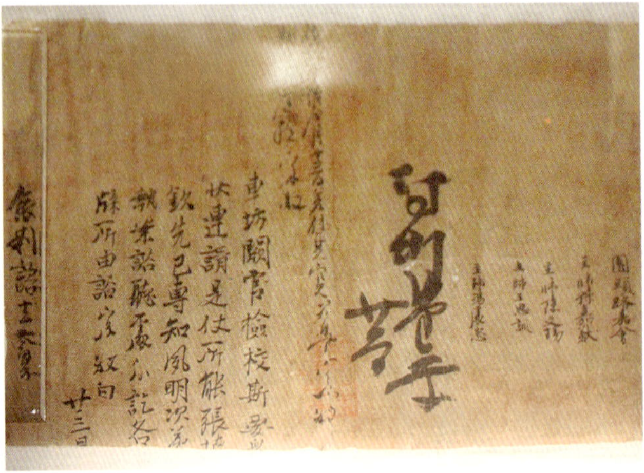

唐·翰海军文书

唐开元年间写本文书，现藏于中国国家图书馆。翰海军为唐代前期西北边防的军事组织，受北庭节度使节度，驻地在庭州城（今新疆吉木萨尔县）。此件为已缀合的一组瀚海军文书，由三件裱糊在一张纸上，首尾残，计20行。长67厘米、高27.5厘米。卷中有“瀚海军之印”。大致内容编排是：1～4行为有关孝方等人蒙赏绯鱼袋之事，5～11行属于另一件文书的残牒尾，12～20行是有关车坊阙官之事。后两件文书笔记不同，但从两件文书的纸质、纸色及共同出现的“典仇庭”和印文等可推断两件应为同一文书。而且，前者公文签署日期为二十二日，后件为二十三日，也符合公文处理的顺序。

September

2019

Thursday

星期四

12

2019 年 9 月 12 日

农历己亥年·八月十四

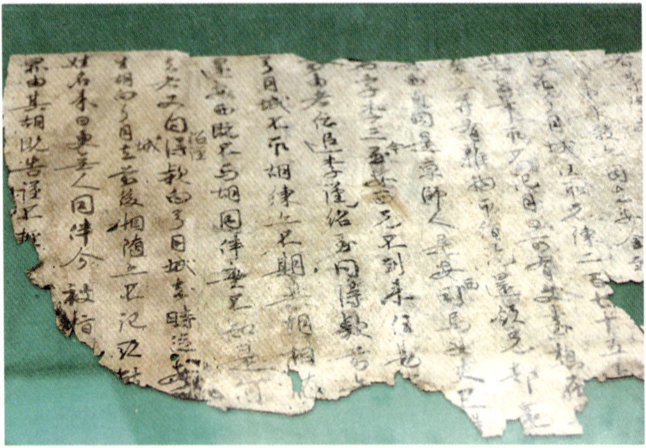

唐·西州高昌诉讼文书

吐鲁番文书，1966 年出土于新疆吐鲁番阿斯塔那 61 号墓，现藏于新疆维吾尔自治区博物馆。残，长 50 厘米、宽 40 厘米，系从纸鞋上拆出，用旧文书粘接而成，并书写于纸背。文书记载了粟特人曹禄山状告汉人李绍谨，要求官府强制李绍谨归还赊借其兄长的丝绸，而后高昌县向安西都护府以牒文形式报告案件审讯经过。文书从一个侧面反映了唐代丝绸之路的贸易情况。

中秋

September

2019

Friday

星期五

13

2019 年 9 月 13 日

农历己亥年·八月十五

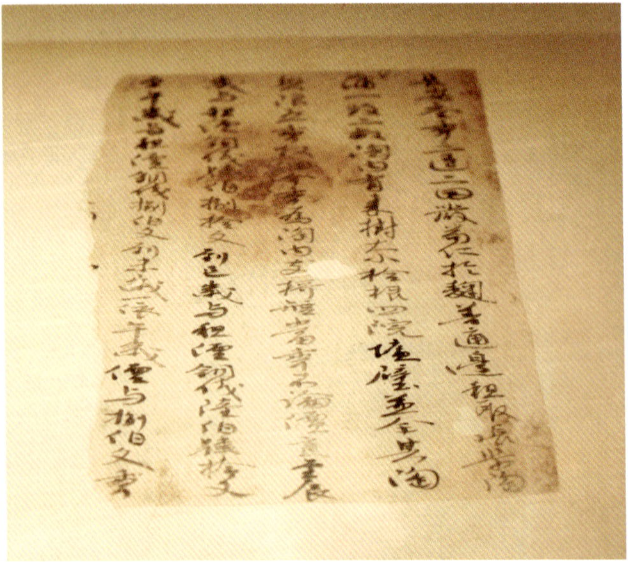

唐·租葡萄园契

吐鲁番文书，1967年出土于新疆吐鲁番阿斯塔那墓地93号墓，现藏于新疆维吾尔自治区博物馆。契约长29厘米、宽15.5厘米。残件，存五行，记载长安三年（703年）严苟仁向园主租赁二亩葡萄园之事。契约写明租期五年，签约当年免交租金，第二年、第三年租金分别为铜钱480文、640文，第四年、第五年均为800文，合计2720文。契约中的年、月、日等字均为武周新字，可证唐法令政策的推行力度。

September

2019

Saturday

星期六

14

2019 年 9 月 14 日

农历己亥年 · 八月十六

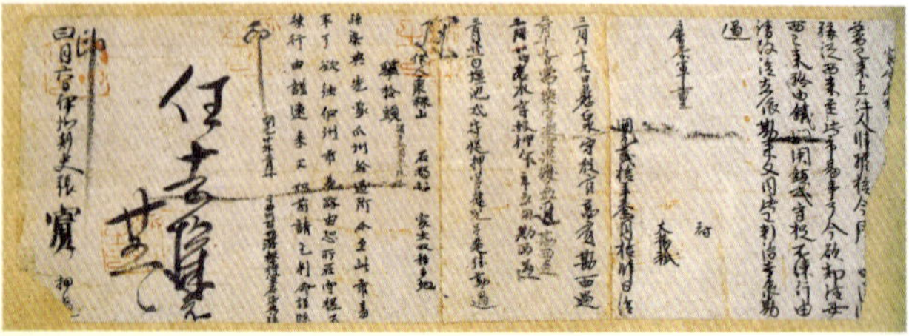

唐·石染典过所

唐代通关文书，1973 年出土于新疆吐鲁番阿斯塔那 509 号墓，现藏于新疆维吾尔自治区博物馆。“过所”是官府发给的通过关卡时的通行证。本件过所由三张纸粘接，前后残缺。长 78 厘米、宽 28.5 厘米，存 24 行，含两份“过所”。一是开元二十年（732 年）瓜州都督府颁给石染典的“过所”，二是石染典在沙州领到的“过所”。石染典本从安西来到瓜州贸易，然后回到安西，便请瓜州都督府改给过所。过所之后粘连了 4 行守捉（驻军部队）的“勘过”，可见过所不仅要经过关津检查，经过驻军之所也要缴验，才准放行。

September

2019

Sunday

星期日

15

2019 年 9 月 15 日

农历己亥年 · 八月十七

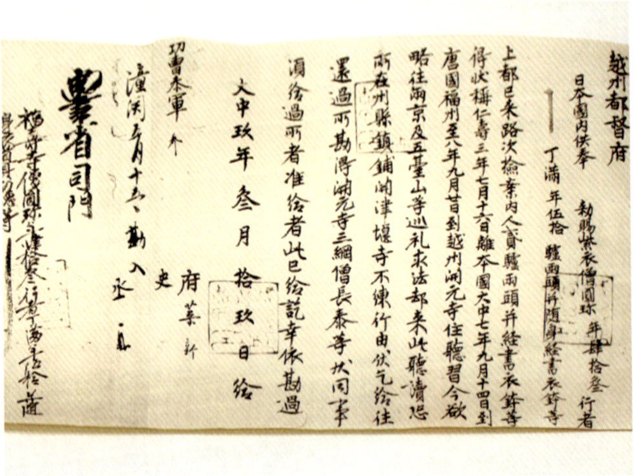

唐·日本僧人圆珍过所

唐代通关文书，据日本印本重印，现藏于中国国家博物馆。此为唐大中九年（855 年）越州都督府和尚书省颁发给日本僧人圆珍的过所。隋唐时期，日本多次派遣唐使来中国学习，此过所即为这一史实的见证。为了稽查行旅，唐朝实行严格的过所制度，由中央尚书省或地方都督府（或州）颁发证明文书。过所上通常写明申请人的姓名、年龄、携带牲畜物品、事由等内容。凡过关津，必须经过关司勘验过所，确实无误方能过关。

September

2019

Monday

星期一

16

2019 年 9 月 16 日

农历己亥年 · 八月十八

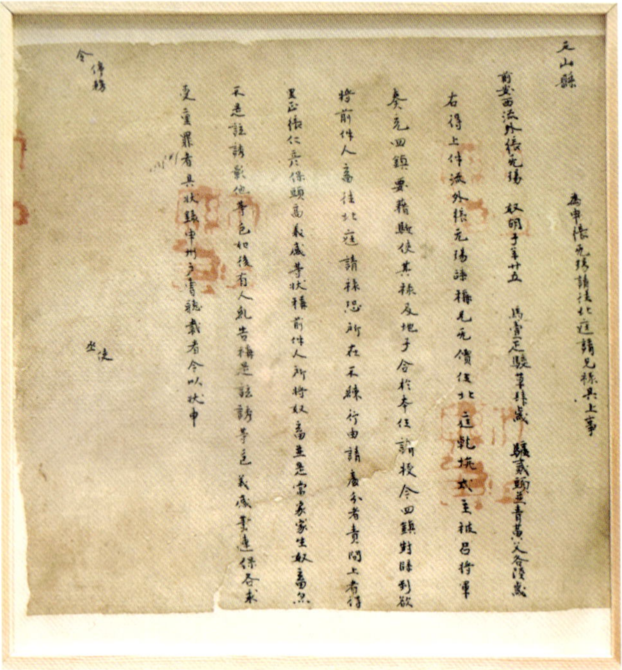
天山縣　　為申張無瑒請往北庭請兄祿具上事
前安西流外張無瑒　奴胡子年廿五　馬壹疋騮草非歲　驢貳頭並青黃父各陸歲
右得上件流外張無瑒牒稱：兄無價任北庭乾坑戍主，被呂將軍
奏充四鎮要籍驅使，其祿及地子合於本任請授，今四鎮封牒到，欲
將前件人畜往北庭請祿，恐所在不練行由，請處分者。責問上者，得
里正張仁彥、保頭高義感等狀稱：前件人所將奴畜，並是當家家生奴畜，亦
不是該誘影他等色，如後有人糾告，稱是該誘等色，義感等連保各求
受重罪者。具狀錄申州戶曹聽裁者，今以狀申。
丞使

唐·申状

吐鲁番文书，出土于新疆吐鲁番阿斯塔那墓，现藏于新疆维吾尔自治区博物馆。纪年缺，文书上钤有四处“天山县印”朱印，内容为天山县上西州牒状为张无玚请过所文书。张无玚兄张无价任北庭干坑戍戍主，张无玚带奴一人、马一匹、驴二头前往北庭，为其兄请禄（俸禄），并有里正张仁彦、保头高义感等人的担保。“得里正张仁彦、保头高义感等状称：前件人所将奴畜，并是当家家生奴畜，亦不是该诱影他等色，如后有人纠告，称是该诱等色，义感等连保各求受重罪者。”所谓的“重罪”，即《唐律·诈伪》中“保任不如所任”条，规定“诸保任不如所任，减所任罪二等”。

September

Tuesday

2019

星期二

17

2019 年 9 月 17 日

农历己亥年·八月十九

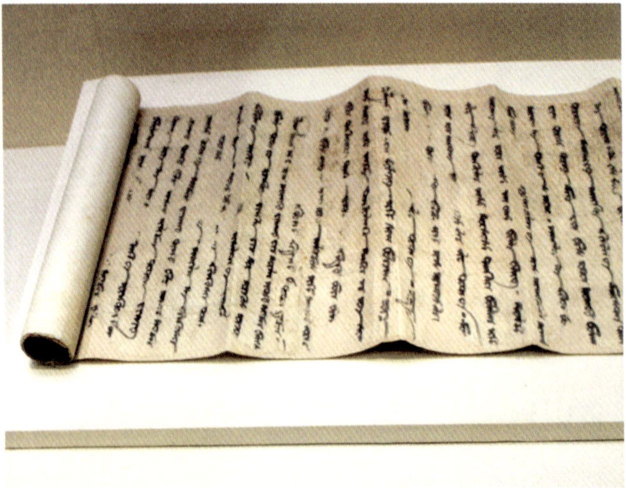

回鹘·摩尼教寺院文书

吐鲁番文书，出土于新疆吐鲁番，现藏于中国国家博物馆。文书为卷子形式，长270厘米、宽29.5厘米，前面部分残缺，存125行，此文书是高昌地区回鹘官府于唐贞元七年（791年）之前颁发给摩尼教寺院的文书。上盖汉字朱文“大福大回鹘国中书省门下颉于迦思诸宰相之宝印”数处，说明回鹘官制仿效唐朝设立三省六部，以三省长官为宰相。文书规定了摩尼教寺院占有土地和享有的特权，是摩尼教在高昌繁荣时期的文献代表。

September

2019

Wednesday

星期三

18

2019 年 9 月 18 日

农历己亥年・八月二十

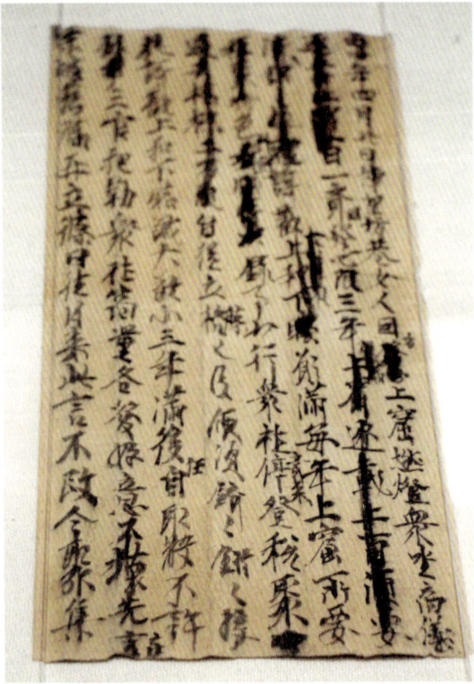

10 世纪 · 女社规约

敦煌遗书，归义军时期丙申年（936 年）写本，现藏于中国国家图书馆。文书首全尾缺，纸长 13.5 厘米、宽 26.5 厘米，共九行（含纸背一行），每行二十余字不等。女社指女性结成的民间团体。唐五代时期女性结社不再局限于佛教活动，也适用于成员间的丧葬互助。本件规约包括女社活动章程、活动内容等具体条款，可见当时妇女对家庭经济有一定的支配权，妇女在社会生活和社交活动中具有相当大的独立性。

September

2019

Thursday

星期四

19

2019 年 9 月 19 日

农历己亥年・八月廿一

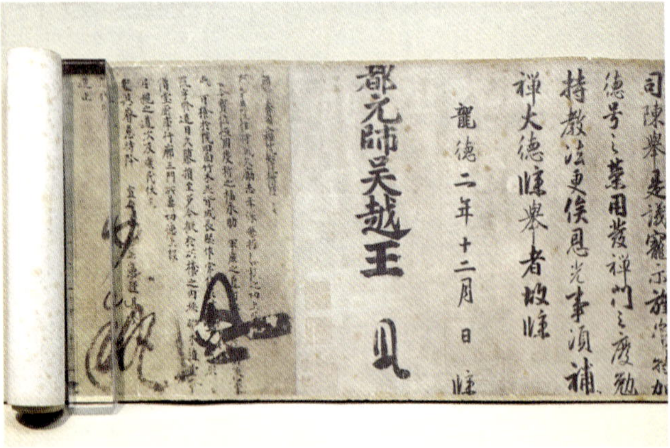

五代·吴越钱镠、钱俶批牍合卷

五代公文，1959 年由浙江象山钱氏后裔捐献，现藏于浙江省博物馆。此为二件文书合装成一手卷，纵 29.4 厘米、横 101.4 厘米。前段为钱镠给崇吴禅院主持嗣匡的牒文，时间为五代后梁龙德二年（922 年）十二月，其上钤印，后有钱镠的署名和花押。“故牒”是下行牒式文书的标志结尾语。后段为宝庆禅院僧崇定的上奏表文，可见“谨具奏闻”“伏候进止”等程式用语，时间为北宋太平兴国二年（977 年）闰七月，其上有吴越国王钱俶的批复。

September

2019

Friday

星期五

20

2019 年 9 月 20 日

农历己亥年 · 八月廿二

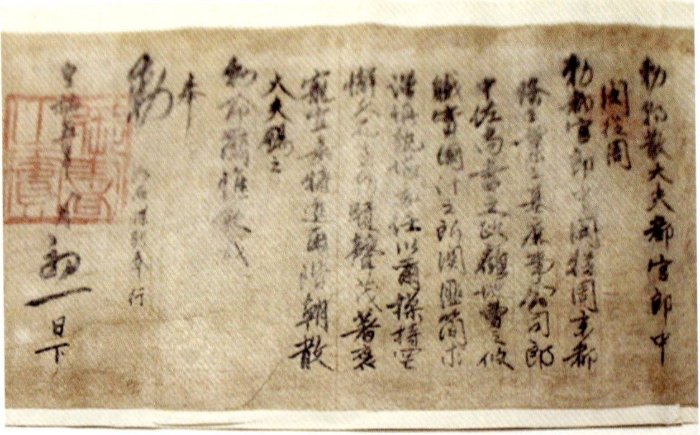

宋·都官郎中闵从周封牒

北宋皇祐五年（1053 年）牒文，展陈于中国国家博物馆。笺纸，纵 31.6 厘米、横 65.7 厘米。四边印有双线框，边框内印龙形图案，纹饰较浅。右上角印“文书院制”，左上角印“御书局”。敕文行书 14 行，落款皇祐五年八月初一日，上钤“御书之宝”朱印。此件“封牒”或系敕封都官郎中闵从周进阶朝散大夫的敕授告身（授官文书），但内容不完整。后两行的“奉敕如右，牒到奉行”是诰词结束的套语。

September

2019

Saturday

星期六

21

2019 年 9 月 21 日

农历己亥年·八月廿三

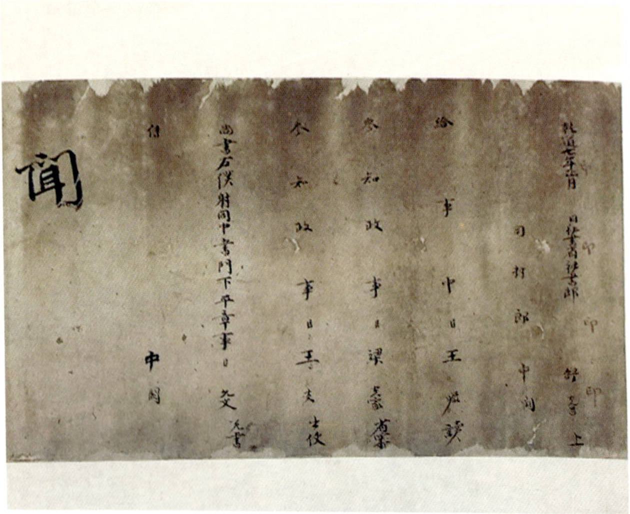

宋·潘慈明妻高氏告身

南宋纸质告身抄件，浙江兰溪密山南宋潘慈明妻高氏墓出土，现藏于浙江省博物馆。此为告身抄件残片。纵26.6厘米、横35.9厘米。本有八卷，出土后散佚。残文存八行。告身下发时间为乾道七年（1171年）正月。此部分是告身制作颁降环节中门下省负责审核的步骤，但此时中书、门下、尚书三省合一，故可以看到落款中有“尚书右仆射同中书门下平章事臣允文”（虞允文）。此件告身系奏授告身，用于六品以下官员的任命，其标志是皇帝在最后画“闻”，以示认可。

September

2019

Sunday

星期日

22

2019 年 9 月 22 日

农历己亥年·八月廿四

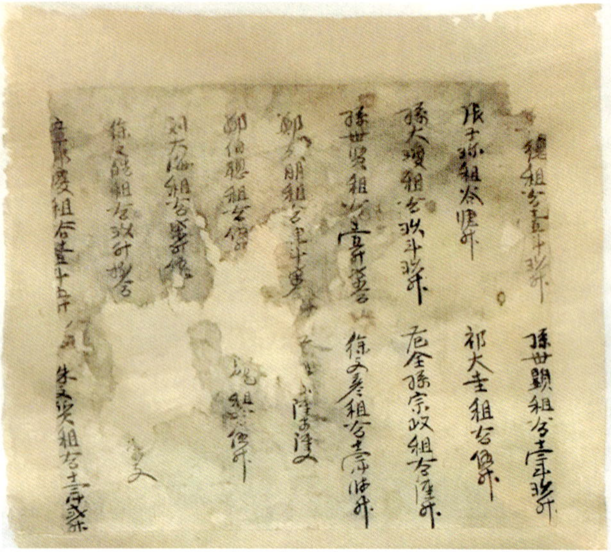

宋・租谷账簿

南宋纸质账簿，福建福州茶园山南宋端平二年（1235 年）墓出土，现藏于福州博物院。纵 60 厘米、横 50 厘米。上写租谷之人及租谷的数量，是一件反映南宋经济状况的珍贵实物资料。

秋分

September

2019

Monday

星期一

23

2019年 9月23日

农历己亥年·八月廿五

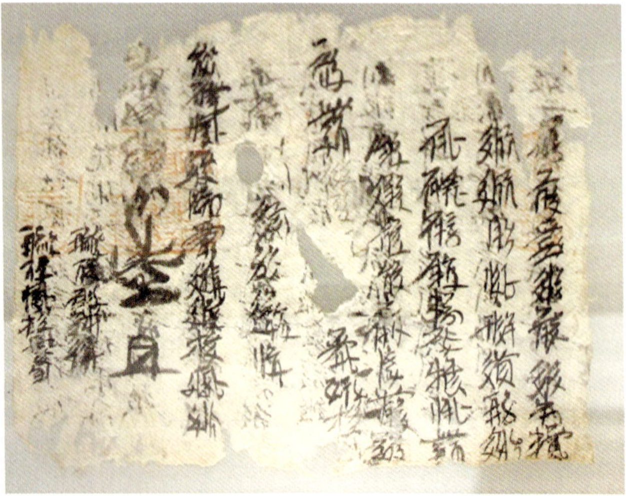

西夏·瓜州审案记录

西夏文诉讼文书，现藏于中国国家图书馆。高 24.3 厘米、宽 28.5 厘米，草书 10 行，足行 11 字左右。《瓜州审案记录》共 17 纸，其中 5 纸下落不明，以西夏文书写，钤朱印两方，有画押，系夏惠宗天赐礼盛国庆二年（1070 年）的审案记录文书，内容涉及牲畜买卖、侵夺、伤害诸事审判，是研究中国少数民族法制史的珍贵原始档案。背面为西夏文写本《六祖大师法宝坛经》。

September

2019

Tuesday

星期二

24

2019 年 9 月 24 日

农历己亥年 · 八月廿六

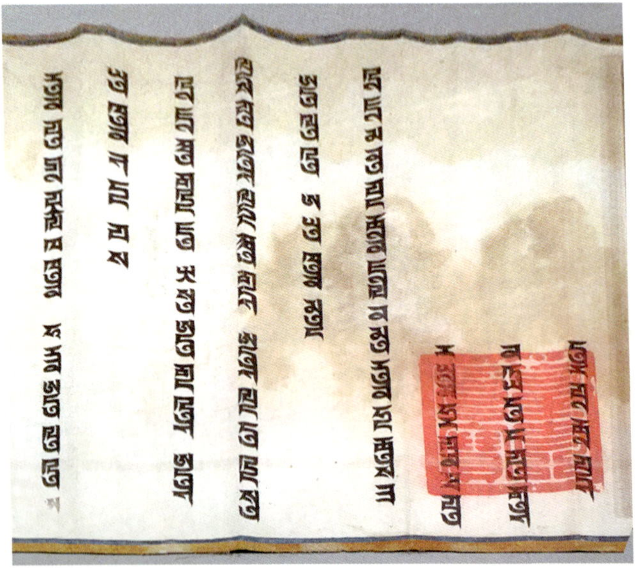

元·答吉皇太后懿旨

元代懿旨，现藏于西藏博物馆。答吉皇太后是元武宗、仁宗两朝皇太后，长期执掌朝政大权。这件懿旨是元仁宗延祐七年（1320年）九月十五日答吉皇太后于大都颁发给夏鲁万户长古香·扎巴坚赞的懿旨，以八思巴文书写，为保护其政教地位和权益的护持性圣旨。古香·扎巴坚赞为藏传佛教萨迦派寺院的住持。圣旨首尾及中上钤红文九叠篆大印“皇太后之宝”三处。

September

2019

Wednesday

星期三

25

2019 年 9 月 25 日

农历己亥年・八月廿七

元・元顺帝圣旨

元代圣旨，现藏于西藏博物馆。布顿・仁钦珠是西藏佛学大师，受夏鲁万户长古香・扎巴坚赞邀请主持夏鲁寺，成为夏鲁派创始人。该圣旨于元顺帝至正三年（1343 年）颁发给布顿・仁钦珠，以藏文书写。内容大意是：听闻大师精通佛法，本意邀请大师前往大都传法，但鉴于大师佛事繁忙，暂且搁置。望在原地继续悉心传法，教化藏地诸官员。

September

2019

Thursday

星期四

26

2019 年 9 月 26 日

农历己亥年・八月廿八

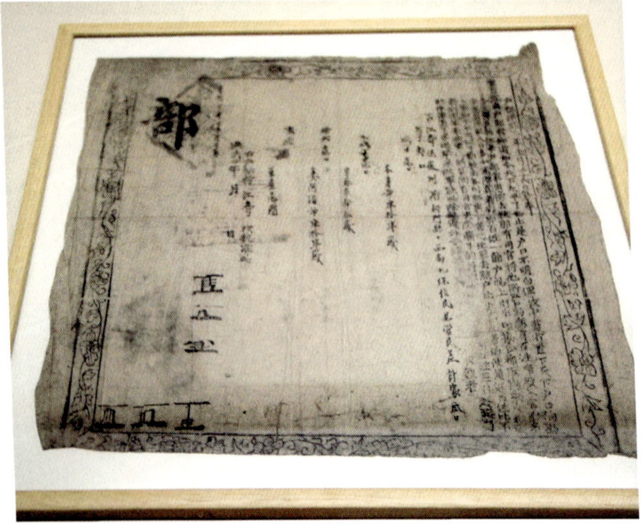

明·徽州府祁门县江寿户帖

明代户籍文书，现藏于中国国家博物馆。明朝于洪武三年(1370 年)进行第一次人口普查，户部在此基础上制作户籍、户帖。户籍由政府保存，户帖(“户口卡”)发给住户。此户帖制于洪武四年(1371 年)，部分文字模糊不清。户帖首先记载皇帝圣旨，中间写明该户人丁基本情况，最后登记事产，唯不载户丁等则及田地科则等，这个户帖与赋役黄册不同之处在于，户帖四周为花框，“号数处用户部印合同半钤，年月日下空处用全印，后有一大‘部’字，印下花押，直连者三，又横并者三，无官吏职衔姓名”（李诩《戒庵老人漫笔》）。

September

2019

Friday

星期五

27

2019 年 9 月 27 日

农历己亥年·八月廿九

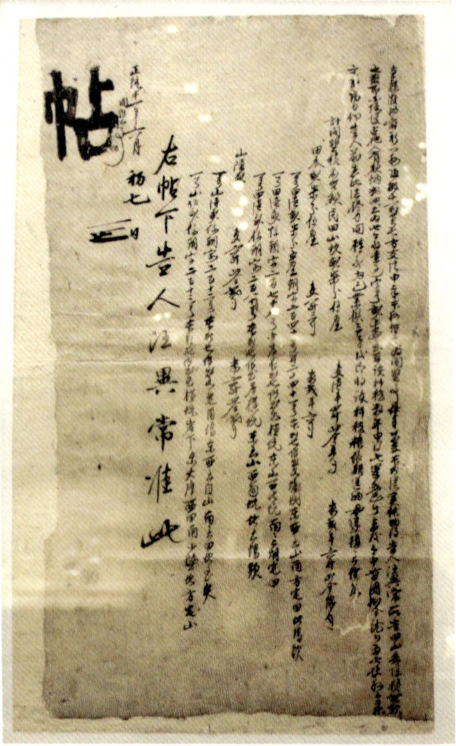

明·正统直隶开垦帖

明代土地文书，现藏于中国国家博物馆。明洪武元年（1368 年）规定：“州郡人民先因兵燹遗下田土，他人垦成熟者，听为己业；业主已还，有司于附近荒田如数给与。”明朝廷拟借此将大批游离在编户之外的自耕农重新控制在册。此帖为明正统十一年（1446 年）六月直隶徽州府发给祁门县农民黄玄生开垦荒地的凭证，详列垦荒地的名称、位置、四至、面积、三年后应交纳税粮数量等，并明确垦荒“候三年后将该科税粮依期送纳”，与明初垦荒免税法规内容吻合。

September

2019

Saturday

星期六

28

2019 年 9 月 28 日

农历己亥年 · 八月三十

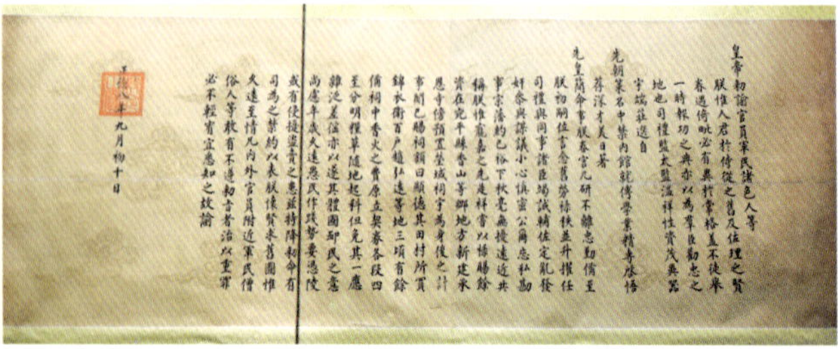

明·正德八年敕谕

明代圣旨，正德八年（1513年）九月初十日颁发，现藏于首都博物馆。敕谕主要因皇帝颁旨护持承恩寺庙产事，内容包括：温祥竭诚辅佐正德皇帝从太子到登基，因功劳卓著被提拔为司礼监太监，他为身后事考虑，在宛平县香山乡建承恩寺，旁建茔地祠堂；正德皇帝钦赐祠堂匾额，优免温祥所买三顷余香火地的所有杂泛差徭；正德皇帝晓谕内外，如果官员、军民、僧俗人等胆敢不遵圣旨侵扰盗卖承恩寺庙产，必治以重罪。在年款初钤有“敕命之宝”朱印以示效力。

September

2019

Sunday

星期日

29

2019 年 9 月 29 日

农历己亥年 · 九月初一

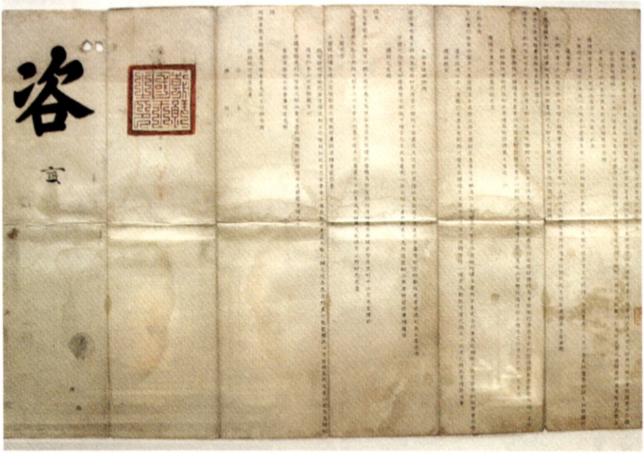

明·朝鲜国王致明礼部请罢中江关市咨文

明代公文，现藏于中国国家博物馆。万历二十年（1592 年），由于日本大举入侵朝鲜，朝鲜经济遭到极大破坏，特向中国提出开设“中江关市”。此举虽有助于朝鲜经济恢复，但弊端日益显露，朝鲜方面遂提出请罢。几经交涉，一直未能定议。万历四十年(1612 年)，朝鲜国王向明朝礼部报送了这份咨文。次年，明朝廷通过辽东地方当局告知朝鲜，同意自当年罢撤中江关市。

September

2019

Monday

星期一

30

2019 年 9 月 30 日

农历己亥年 · 九月初二

赦	改	正
許復除避本業增減年紀侵隱田園脫漏	戶口之類須改正監臨官私自貸及借貸	人財物須徵收

已	發	未	發
[illegible]相容隱[illegible]罪人身自首法[illegible]首告彼過不退者不得原罪即首不實不及不盡者以不實不盡之罪罪之至死者	聽減一等其知人欲告及亡叛而自首者減罪二等坐之即亡叛者雖不自首能還歸本所者亦同其於	人損傷於物不可備償即事發逃亡若越度關及奸并私習天文者並不在自首之例	

未	因	而	共	亡
人以致罪而罪人自死者聽減本罪二等	若罪人自首及遇恩原減者亦	準罪人原減法其應加杖及贖	者各依杖贖例	

財	悔	過
贓應坐之屬悔過還主者聽減	本罪三等坐之即財主應坐者	減罪亦準此

太尉揚州都督監修國史上柱國趙國公長孫無忌等撰

名例一 凡七條

〔疏〕議曰：夫三才肇位，萬象斯分

三才斯見前肇始也萬象萬物也左傳物[illegible]

有象有滋[illegible]

十月·典籍传播

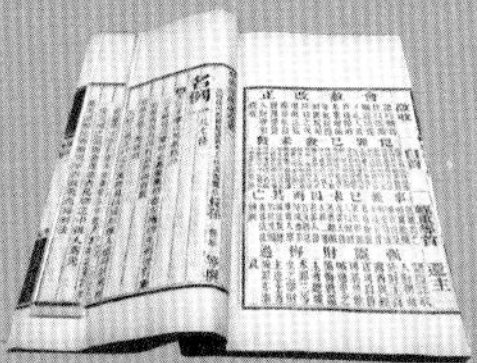

唐·《故唐律疏议》

OCTOBER

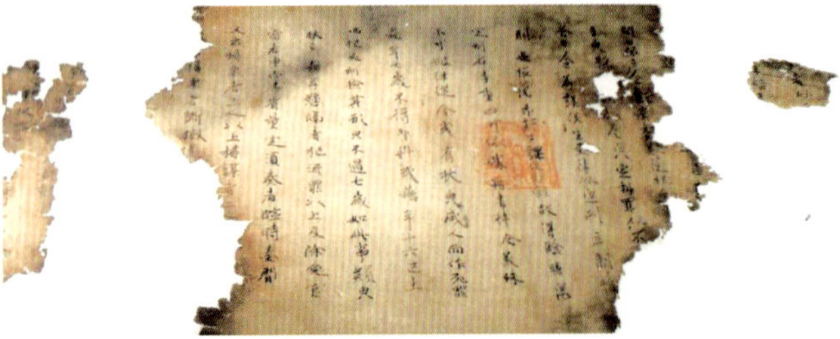

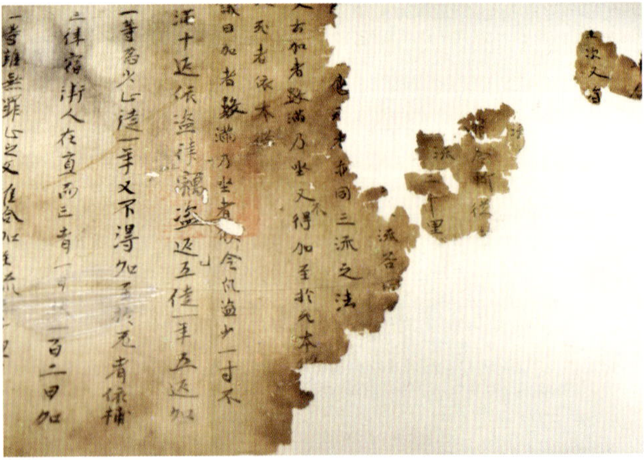

唐·《唐律疏议·名例》写本残卷

唐写本，新疆吐鲁番阿斯塔那第532号墓出土，现藏于新疆维吾尔自治区博物馆。残卷由四个断片组成，首尾残缺，共41行，系《唐律疏议·名例》中“称日年及众谋”条和“称加减”条。接缝处钤有“西州都督府之印”，说明此为唐代西州地区的官方写本。吐鲁番出土的唐律写本残卷还涉及《擅兴》《贼盗》《诈伪》《户婚》《斗讼》诸篇中的有关条文，为研究唐律在西州地区的实施提供了珍贵的一手资料。

國慶

October

2019

Tuesday

星期二

1

2019 年 10 月 1 日

农历己亥年 · 九月初三

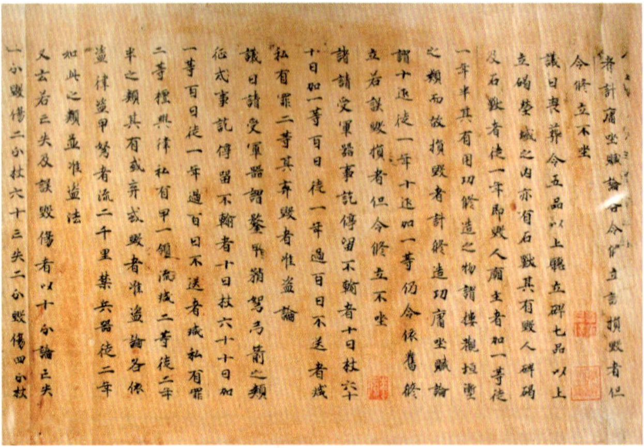

唐·《唐律》残卷

敦煌写本，原为清末藏书家李盛铎所藏，现藏于日本武田科学振兴财团杏雨书屋，编号为羽 020R。载体为黄麻纸，共 4 纸，每纸长 41.9 厘米、宽 28.2 厘米，每行 15 ~ 18 字。内容起自“毁人碑碣石兽”条，止于“得宿藏物”条。卷轴首部钤“李盛铎印”“敦煌石室秘笈”“李滂”方印，尾部钤“木斋审定”方印。对此件文书，中日学者有“唐律疏议残卷·杂律下”“杂律疏残卷”“李氏旧藏开元杂律疏残卷”“开元律疏议杂律卷第二十七毁人碑碣石兽条”等诸种命名。

October

2019

Wednesday

星期三

2

2019 年 10 月 2 日

农历己亥年 · 九月初四

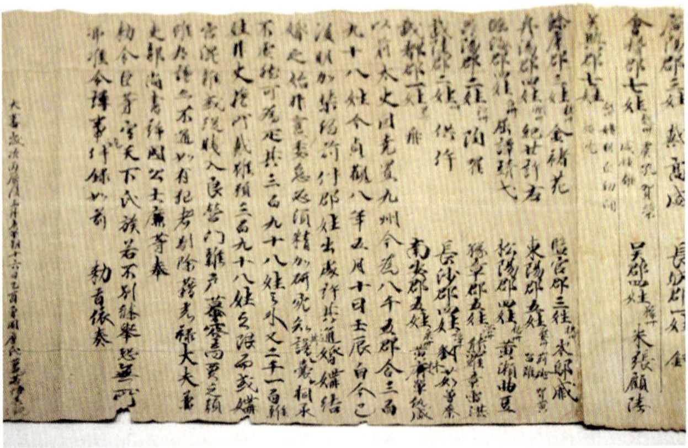

唐·《姓氏录》

唐写本，现藏于国家典籍博物馆。卷轴装，首残尾全，长114.5厘米、高28.3厘米，内容系家族郡望谱录。为打压门阀士族，抬高皇室李氏地位，唐太宗于贞观六年（633年）令高士廉等刊正姓氏，撰修《氏族志》。显庆四年（659年），武则天为提高武氏家族地位，召集寒门出身的庶族编修了《姓氏录》，使武姓位列一等。《姓氏录》以现实中的官勋位阶高低为基准，打破了士族贵族垄断政权的局面。据卷尾题记，此本为沙州灵图寺僧人悟真所抄。悟真是晚唐五代时期敦煌颇具影响力的僧界领袖之一，大中四年（850年）奉使长安。此本形成时间约在吐蕃统治敦煌时期（836年）。

October

2019

Thursday

星期四

3

2019 年 10 月 3 日

农历己亥年・九月初五

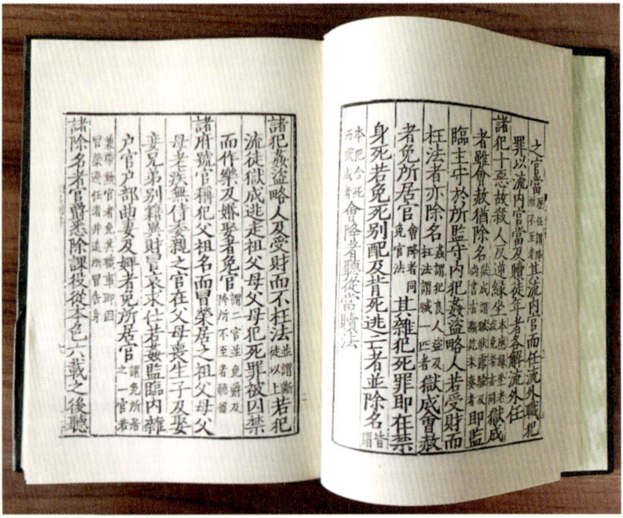
之官當歷任謂降所不至者其流內官而任流外職犯
罪以流內官當及贖徒年者各解流外任
諸犯十惡故殺人反逆緣坐本應緣坐老疾免者亦同獄成
者雖會赦猶除名獄成謂贓狀露驗及尚書省斷訖未奏者即監
臨主守於所監守內犯姦盜略人若受財而
枉法者亦除名姦謂犯良人盜及枉法謂贓一匹者獄成會赦
者免所居官會降者同免官法其雜犯死罪即在禁
身死若免死別配及背死逃亡者並除名皆謂
本犯合死而獄成者會降者聽從當贖法

諸犯姦盜略人及受財而不枉法並謂徒以上若犯
流徒獄成逃走祖父母父母犯死罪被囚禁
而作樂及婚娶者免官謂二官並免爵及降所不至者聽留
諸府號官稱犯父祖名而冒榮居之祖父母父
母老疾無侍委親之官在父母喪生子及娶
妾兄弟別籍異財冒哀求仕若姦監臨內雜
戶官戶部曲妻及婢者免所居官謂免所居之一官若
兼帶勳官者免其職事即因冒榮遷任者并追所冒告身
諸除名者官爵悉除課役從本色六載之後聽

唐·《律》

唐律宋刻本，南宋重刻北宋天圣本，现藏于国家典籍博物馆。唐律正文为《律》十二卷，附《音义》一卷，与《唐律疏议》内容有别。《宋史·艺文志》载“《律》十二卷，《律疏》三十卷，唐长孙无忌等撰”。再与《唐律疏议》正文对勘，可证《律》十二卷，即为“唐律”。《音义》一卷，乃宋孙奭为注解唐律所撰。唐律之旧本，除敦煌、吐鲁番写本之外，此本是目前存世最早的版本。图为我国台湾地区影印《律》书影。

October

2019

Friday

星期五

4

2019 年 10 月 4 日

农历己亥年·九月初六

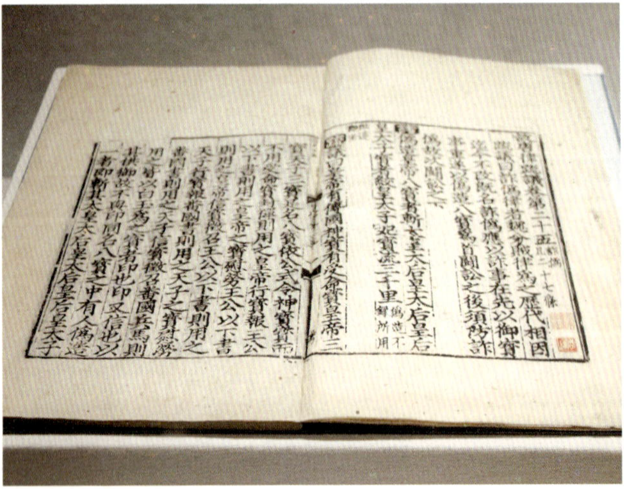

唐·《故唐律疏议》

唐律元代刻本，现藏于国家典籍博物馆。《唐律疏议》原名《律疏》，唐长孙无忌等撰，宋元刊本以其为前代典章，遂加“故”字，题为“故唐律疏议”。此书立法审慎，内容周详，条目简明，解释确当，是中华法系的典范，在中国以及东南亚法制史上具有深远影响。现存早期刻本有宋刻残本和元刻全本（余志安勤有堂刻本）等。

October

2019

Saturday

星期六

5

2019 年 10 月 5 日

农历己亥年 · 九月初七

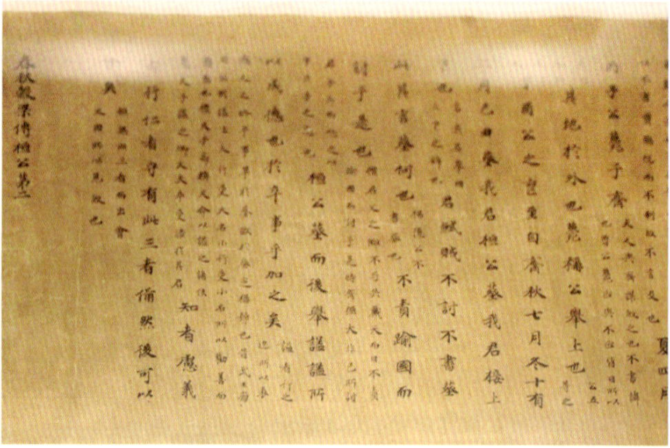

唐·《春秋穀梁传》

唐写本，抄于龙朔三年（663 年），现藏于国家典籍博物馆。此本距东晋范宁《春秋穀梁传集解》成书约两百年，较《开成石经》早一百七十余年，具有较高的校勘价值。《穀梁传》与《左传》《公羊传》并称《春秋》三传，为孔门讲习《春秋》的若干代学者的集体论议，至迟在汉初整理成书，属今文经，以问答体解说《春秋》。范宁《春秋穀梁传集解》为阐释该书的集大成者。

October

2019

Sunday

星期日

6

2019 年 10 月 6 日

农历己亥年·九月初八

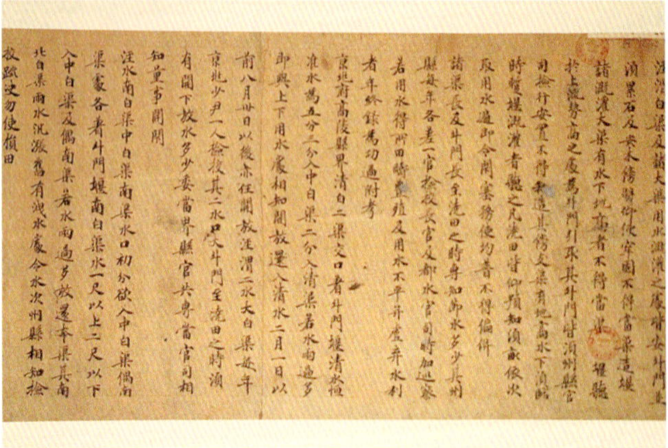

唐·《开元水部式》

唐写本，20世纪初发现于敦煌，现藏于法国国家图书馆。卷首尾皆残，中部亦有缺失，共存7纸、144行，背面为陀罗尼抄本。《开元水部式》内容涉及唐代有关河渠灌溉、斗门设置、桥梁津渡管理、船舶水手配置等方面的规定，与《唐六典》的格式篇目相印证，从中可以窥见开元年间尚书工部下属的水部司和都水监的职责变化。传世唐律完整保留下来的多为律和律疏，而令、格、式罕见。敦煌吐鲁番所出法律文书囊括了唐代法律的各种形式，且时间跨度大，具有极高的学术价值。

重陽

October

2019

Monday

星期一

7

2019 年 10 月 7 日

农历己亥年 · 九月初九

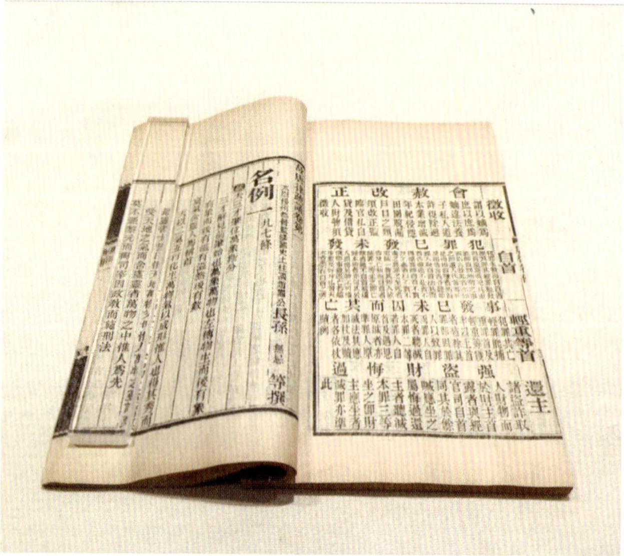

唐·《故唐律疏议》

唐律清代刻本，现藏于国家典籍博物馆。《唐律疏议》以律文为经，按照 12 篇的顺序，对 502 条律文逐条逐句进行注解，并以问答的形式辨异析疑、考证源流、拾遗补缺，使唐律的内容更加完备。这种“疏在律后，律以疏存”的形式，被认为是中国古代立法典范。图为清光绪十七年（1891 年）江苏书局刻本。

寒露

October

2019

Tuesday

星期二

8

2019年 10月8日

农历己亥年·九月初十

唐·《论语郑氏注》残页

唐写本，1964 年出土于新疆吐鲁番阿斯塔那第 27 号墓，现藏于新疆维吾尔自治区博物馆。残页长 24 厘米、宽 25 厘米，内容为东汉末年郑玄注《论语·乡党》，唐开元四年（716 年）由“高昌县学生贾忠礼”抄写。《论语郑氏注》是《论语》诠释史上的重要著作，南宋后亡佚，明清辑佚本不足原书的十分之一。阿斯塔那唐墓先后出土过《论语》抄本多件，大多为官私塾教材的学生抄本，可反映儒家文化在西域地区的影响。

October

2019

Wednesday

星期三

9

2019 年 10 月 9 日

农历己亥年・九月十一

唐·《开元新格》残卷

唐写本，现藏于国家典籍博物馆。此为断卷，双面书写。其中一面存 45 行，学者推测为《开元新格》卷三《户部》开头部分。所收五道敕均残，第一敕为《开元廿三年（735 年）九月禁买卖口分永业田诏》，第二敕为《开元十九年四月定职田租敕》。与传世文献中的敕文相较，残卷保存几倍于前者的长文，比较接近原敕形式。其内容涉及开元年间均田制政策的执行情况，史料价值颇大。

October

Thursday

2019

星期四

10

2019 年 10 月 10 日

农历己亥年 · 九月十二

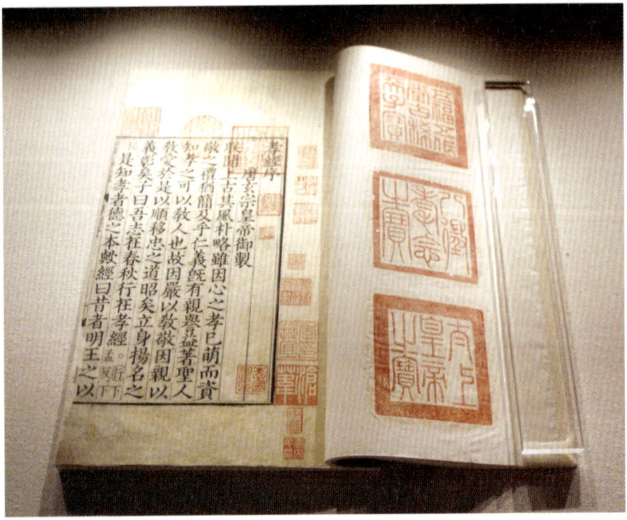

唐·《孝经序》

唐玄宗御制《孝经序》元代刻本，现藏于国家典籍博物馆。自汉代始，为《孝经》注释者达百余家。唐初各注本书卷残缺，流行甚少。唐玄宗李隆基选择诸家注本之精华，摄取义理，注解成书，颁行天下。玄宗强调“《孝经》者，德教所先”，且“孝”可移作“忠”，可见该序的制作带有明显的政治教化目的。

October

2019

Friday

星期五

11

2019 年 10 月 11 日 农历己亥年・九月十三

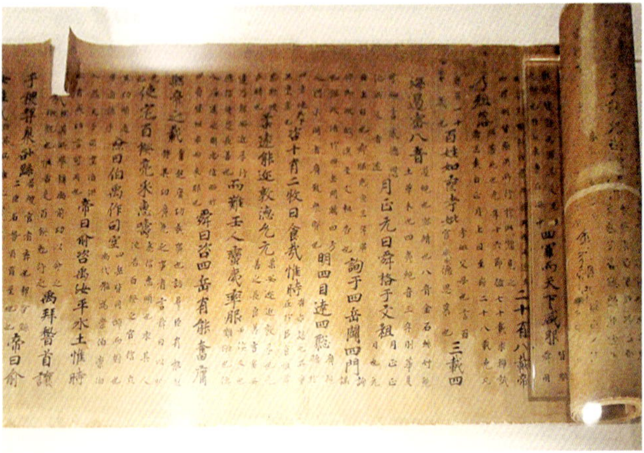

唐·《古文尚书》

唐写本，发现于敦煌藏经洞，现藏于国家典籍博物馆。原卷残破严重，已修复如旧。《尚书》是十三经中争议最多的一部经典。先秦《尚书》原貌不详，汉以后所出《尚书》重要者有三种：一为汉初伏生所传二十八篇《尚书》，因用汉时通行隶书书写，称《今文尚书》；二为汉景帝时于孔宅之壁所得《古文尚书》；三为东晋时梅赜所献以隶古定字体写成的《古文尚书》。唐玄宗天宝三年（744年）诏集贤院士卫包改隶古定为楷书，后以此为据刻《开成石经》，“隶古定尚书”渐失传。敦煌本《尚书》是迄今能见到的最早的隶古定《尚书》，对《尚书》版本研究有重要价值。

典籍传播

October

2019

Saturday

星期六

12

2019年 10月12日

农历己亥年·九月十四

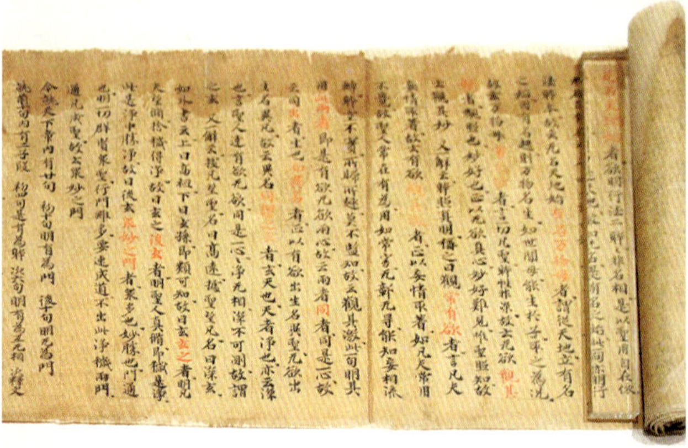

唐·《老子道德经义疏》

唐写本，发现于敦煌藏经洞，现藏于国家典籍博物馆。卷轴装，麻纸，首尾残，现存卷长270.5厘米，148行。经文朱书，疏文墨书。前半部分为开题序例，据称道经有三十六章，德经有四十五章，与唐代河上公注本及李荣注本相同。后半部分为经文及注疏，起于第一章，止于第七章，为“五千文”本，疏义近于李荣、赵志坚等唐代道士所作。本卷《正统道藏》未收，为海内外孤本。

October

2019

Sunday

星期日

13

2019 年 10 月 13 日

农历己亥年·九月十五

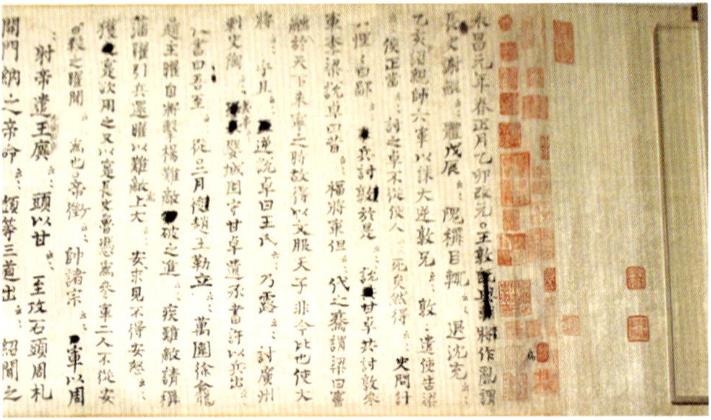

宋·《资治通鉴》残稿

北宋稿本，现藏于国家典籍博物馆。《资治通鉴》由北宋司马光等人历时 19 年编纂而成，总计二百九十四卷，三百余万字。全书以时间为纲，事件为目，涵盖自周威烈王二十三年（前 403 年）到五代后周显德六年（959 年）计 1362 年的历史。宋神宗认为此书“鉴于往事，有资于治道”，故定名为《资治通鉴》。此稿系司马光手书，共计 29 行、465 字，记东晋永昌元年（322 年）的史事。因残稿草拟于范纯仁致司马光及其长兄司马旦的书札上，尾有司马光“谢人惠物状”，被誉为“幅纸三绝”（“三绝”指司马光手迹、范纯仁书札和司马光谢人惠物状）。

October

2019

Monday

星期一

14

2019 年 10 月 14 日

农历己亥年 · 九月十六

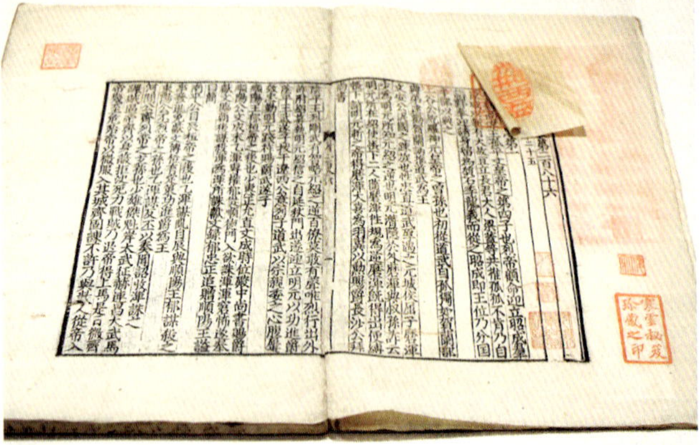

宋·《册府元龟》

北宋四大类书之一（另三部为《太平广记》《太平御览》《文苑英华》），宋刻本，现藏于国家典籍博物馆。“册府”是帝王藏书之地，“元龟”即大龟，古代用以占卜国家大事。书名意为作为后世帝王治国理政的借鉴。景德二年（1005年），宋真宗命王钦若等人编修历代君臣事迹。该书规模居四大类书之首，共一千卷，分帝王、闰位等三十一部，部下分门。将历代君臣事迹，自上古至五代，按照人物阶层身份，分门别类，先后排列，唐及五代部分是其精华所在。宋刻本久无完帙，虽零玑断璧，亦足珍贵。

October

2019

Tuesday

星期二

15

2019 年 10 月 15 日

农历己亥年・九月十七

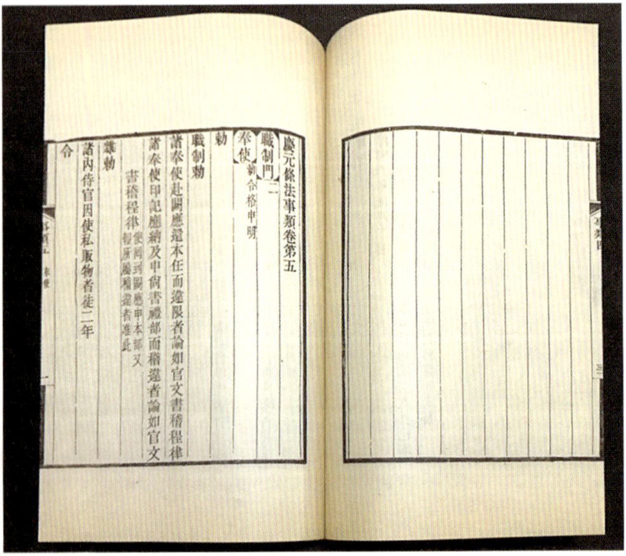

宋·《庆元条法事类》

南宋典章。南宋谢深甫监修，共八十卷，附录二卷，所收为南宋初年（1127 年）至庆元年间（1195 ~ 1200 年）的敕、令、格、式和随敕申明，今存残本有职制、公吏、刑狱、当赎等十六门。尽管残本不足原书之半，仍保存了有关政治、经济、军事、服饰等各方面的法令，为宋史及宋代法制研究的珍贵资料。现通行本为燕京大学图书馆于 1948 年据常熟瞿氏本印行的版本，图为此本后刷印本。

October

2019

Wednesday

星期三

16

2019 年 10 月 16 日

农历己亥年·九月十八

宋元·《事林广记》

宋元《事林广记》元代刻本，现藏于中国国家博物馆。作者陈元靓，南宋末年建州崇安（今属福建）人。该书内容分前、后、续、别四集，含天文、仪礼、音乐、农桑、幼学、饮馔等四十多个门类，是宋元时期流行较广的一部日用类书，并开创了类书附载插图的体例。《事林广记》成书约在南宋绍定以后，其后不同时期刊本的内容多有增删。目前所知有六个版本，其中元至顺年间（1330 ~ 1333 年）建安椿庄书院刊本和日本元禄十二年（1699 年）翻刻元泰定二年（1325 年）本中都有大量描写元代社会生活、语言文字的篇章，对研究宋元时期的社会生活具有重要价值。

October

2019

Thursday

星期四

17

2019 年 10 月 17 日

农历己亥年・九月十九

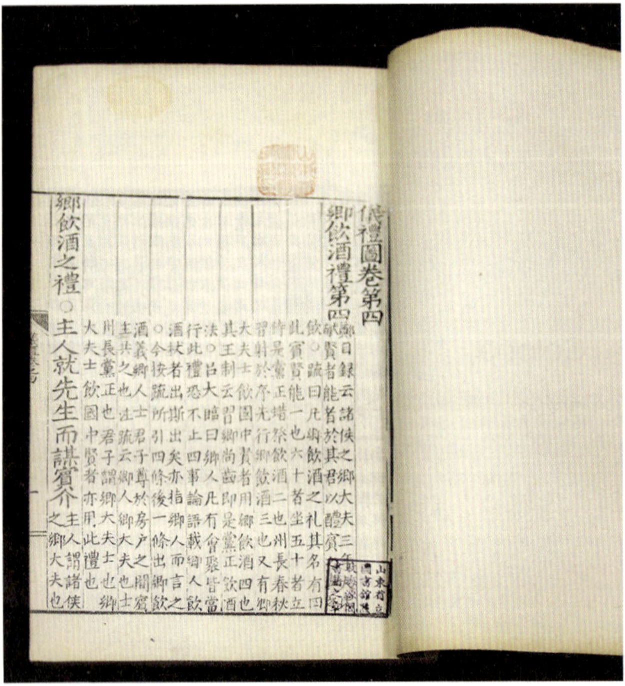

宋·《仪礼图》《旁通图》

南宋《仪礼图》《旁通图》明代刻本，海源阁旧藏，现藏于山东省图书馆。《仪礼图》十七卷、《旁通图》一卷，南宋杨复撰。杨复，字志仁，一字茂才，福建福州人，受业于朱熹，世称信斋先生。此书成于绍定元年（1228 年），序称严陵赵彦肃作《特牲》《少牢》二礼图，朱熹认为还应作《冠》《婚》图及堂室制度一并考之。杨氏遂成图 205 幅；又分“宫庙门”“冕弁门”“牲鼎礼器门”成图 25 幅，名为《仪礼旁通图》附后。古礼之梗概，于此书可睹其大端。此系明嘉靖十五年（1536 年）刻本。

October

2019

Friday

星期五

18

2019 年 10 月 18 日

农历己亥年 · 九月二十

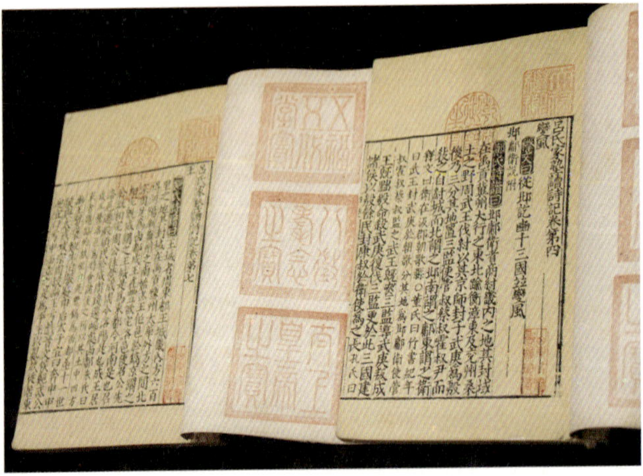

宋·《吕氏家塾读诗记》

南宋《吕氏家塾读诗记》明代刻本，“天禄琳琅”旧物，现藏于山东省图书馆。该书共计三十二卷，明嘉靖十年（1531 年）刻本，存十九卷。撰者吕祖谦，字伯恭，浙江金华人，南宋理学家，婺学宗师。此书为论说《诗经》之作。吕祖谦与朱熹交往最契，初解《诗经》观点一致，本于毛传；后朱熹观点变化改从郑樵，祖谦仍守其说，书中凡谓“朱氏曰”者，即朱熹《诗集传》初稿之说。

October

2019

Saturday

星期六

19

2019 年 10 月 19 日

农历己亥年 · 九月廿一

元·《元典章》

元代法律文献，全名《大元圣政国朝典章》，共六十卷，后附《元典章新集至治条例》，未分卷。成书时间约为元英宗至治年间（1321 ~ 1323 年）。书中收录的法令公牍文书，上起世祖中统元年（1260 年），下迄英宗至治二年（1322 年）。书中抄引的圣旨和中书省、御史台的文件，保存了元朝政府决定和处理政务的准则、方法和过程，是研究元代典章制度运作的重要文献。光绪三十四年（1908 年），武进董康据杭州丁氏八千卷楼藏抄本，刻《元典章》于北京法律学堂，书后有沈家本作跋。此本所据抄本讹误颇多。图为中国书店以上述旧版刷印之作。

October

2019

Sunday

星期日

20

2019 年 | 10 月 20 日

农历己亥年 · 九月廿二

清·满文《洪武宝训》

满文典籍，现藏于国家典籍博物馆。清代刚林等人翻译，又名《洪武要训》，分门别类记录了明太祖朱元璋的言行。顺治三年（1646年）译成后，以顺治帝名义作序，刊刻满汉文字，颁行全国。顺治帝在序文中表示要与天下共遵明朝祖训。此本为顺治三年内府刻满文本，是清入关后翻译的第一部汉文典籍，对研究清初统治政策颇具价值。

October

2019

Monday

星期一

21

2019 年 10 月 21 日

农历己亥年・九月廿三

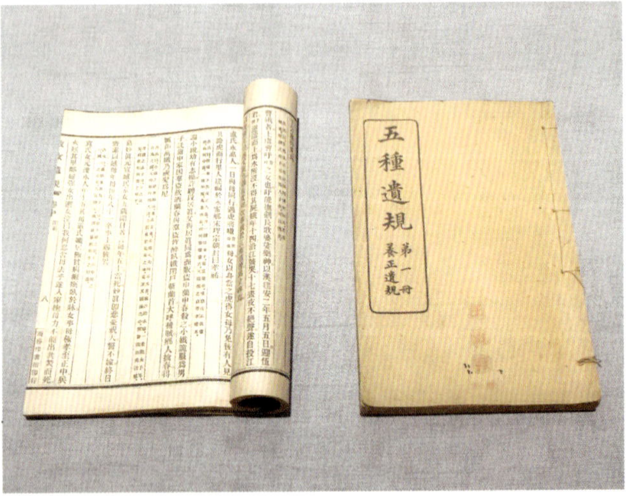

清·《五种遗规》

清代陈宏谋辑，现藏于广西桂林博物馆。陈宏谋，字汝咨，雍正进士，官至东阁大学士兼工部尚书。他有感于世上多有弊端，遂于公务之余，采录前人关于养性、修身、治家、为官、处世、教育等方面的著述事迹，分门别类辑为《养正遗规》《教女遗规》《训俗遗规》《从政遗规》《在官法戒录》，总称《五种遗规》。《五种遗规》的成书时间不同，《养正遗规》为乾隆四年（1739 年），《从政遗规》《教女遗规》《训俗遗规》分别为乾隆七年七月、九月、十月，《在官法戒录》则为乾隆八年四月。该书是了解清代蒙学教育的重要窗口。

October

2019

Tuesday

星期二

22

2019 年 10 月 22 日

农历己亥年・九月廿四

清·《刑部比照加减成案》

清代成案汇编，现藏于中国法院博物馆。道光十四年（1834 年），许禨、熊莪取刑部档案中比照加减成案考订异同，补阙删歧，编成《刑部比照加减成案》三十二卷。道光二十三年，许禨又悉心去取，编成《刑部比照加减成案续编》三十二卷。两书收录了自嘉庆元年（1796 年）至道光十四年 39 年间 2992 例成案，每则案例都明确了比照律例的条文以及量刑加减的结论。其中户、刑两篇收录的成案数量最多。

October

2019

Wednesday

星期三

23

2019 年 10 月 23 日

农历己亥年 · 九月廿五

清·《点石斋画报》

清末画报，1884 年 5 月 8 日创刊于上海，1896 年年底停刊，共出版528册，是中国近代影响最大的石印版印刷的画报。其内容“选择新闻中可嘉可惊之事，绘制成图，并附事略”，及时报道社会热点、民俗奇闻等，生动展现了晚清各阶层人群的思想涌动和社会实况。其中，《冥诛吞赈》故事中提及的“阴司新例吞赈者立斩”，表现出传统冥判思想对社会民众的深刻影响；《片言折狱》讲述县官以妙计平息纷争之事。因画报所描绘的场景具有现实性且贴近生活，为后世研究近代社会和法律提供了形象的史料。

典 籍 传 播

霜降

October

2019

Thursday

星期四

24

2019 年 10 月 24 日

农历己亥年・九月廿六

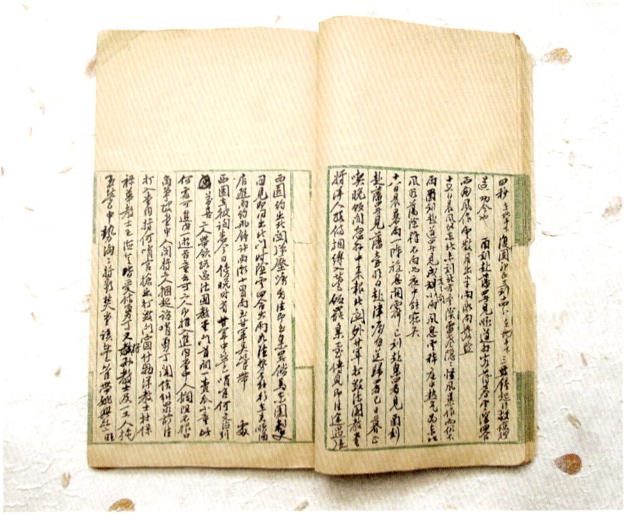

清·《沈家本日记》

清代沈家本手稿原本，沈家本四世孙沈厚铎藏。沈家本（1840 ~ 1913 年），字子惇，号寄簃，浙江归安人。曾任天津知府、保定知府、刑部右侍郎、刑部左侍郎，光绪二十八年（1902 年）奉命修律，历任大理院正卿、法部侍郎、修订法律大臣，光绪三十二年创建京师法律学堂。宣统元年（1909 年）兼资政院副总裁，三年辞职居家。1913 年在京城居所枕碧楼去世，同年归葬于浙江湖州。沈家本日记从咸丰十一年（1861 年）元旦至中华民国元年（1912 年），持续五十余年，对研究清末法律变革和社会变迁具有重要价值。图为沈家本在光绪二十四年五月十七日至十九日日记，记载其任职保定知府期间处理一起教案的过程。

October

2019

Friday

星期五

25

2019 年 10 月 25 日

农历己亥年・九月廿七

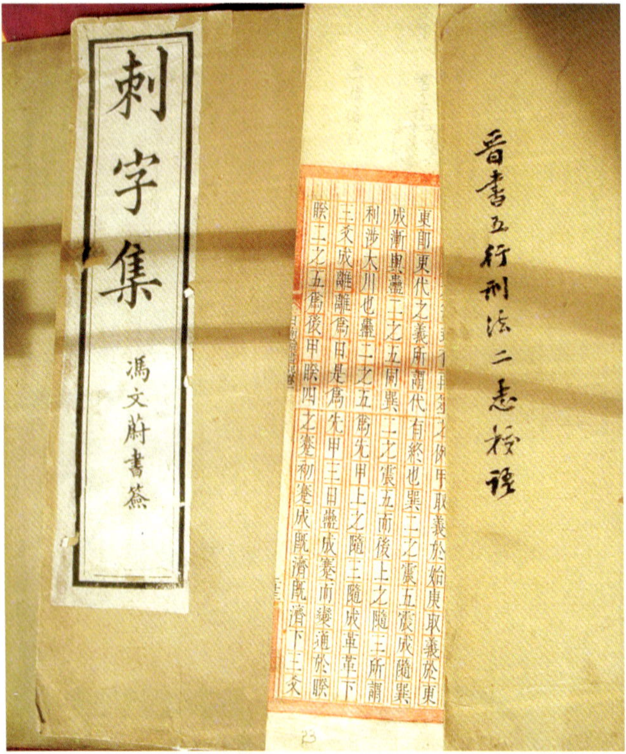

清·《刺字集》

清代沈家本著作，沈厚铎藏。《刺字集》为研究中国古代刑罚制度的重要著作，刊行于光绪十二年（1886 年）四月，由刑部侍郎、著名律学家薛允升作序。正文分《刺字通例》《刺字条例》《免刺条例》《刺字备考》四卷，另附有《刺字处分》。形式均如律条般逐条罗列，前面以“一”作为各条起始标志，每条之后以小字体注明出处。该书详细考察了中国古代刑罚制度中刺字刑罚之源流，探讨此刑的适用罪名、实施方法与意义，对研究古代刑罚制度具有重要价值。图中的《晋书五行刑法二志校语》亦为沈家本著述。

October

2019

Saturday

星期六

26

2019 年 10 月 26 日

农历己亥年 · 九月廿八

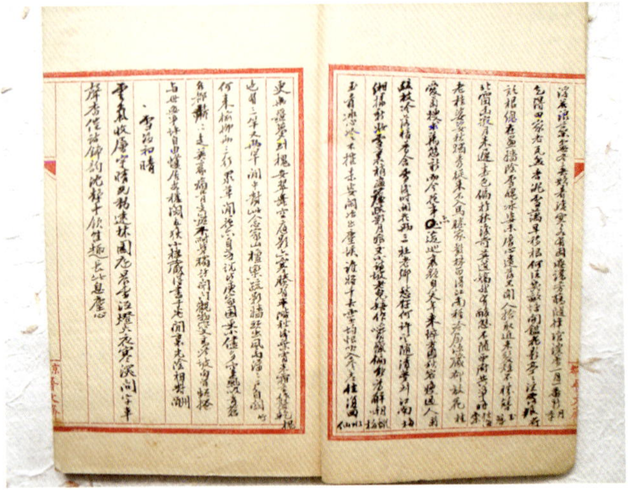

清·《枕碧楼偶存稿》

清代沈家本著述手稿，沈厚铎藏。“枕碧楼”是沈家本的书斋名。沈氏自己集结的文集除《枕碧楼偶存稿》外，还有《日南随笔》《寄簃文存》。《日南随笔》是他数十年累积的见闻结集，《寄簃文存》是法学类文章的结集，《枕碧楼偶存稿》则是法学之外的论说、考释、书评类文字和诗歌的结集。《枕碧楼偶存稿》计十二卷，《元祐党籍碑人名次序辨》《苏松嘉湖浮粮考》《明总督巡抚考》《书唐律疏议进律表后》《内外服制通释跋》《万历大明会典跋》等均是其中的代表。该书稿是了解沈家本学术观点、治学路径的重要资料。

October

2019

Sunday

星期日

27

2019 年 10 月 27 日

农历己亥年·九月廿九

清·《秋审比较条款附案》

清代沈家本著述手稿，沈厚铎藏。清代秋审因袭明代的朝审制度，每年秋天由朝廷派员会审除京师外各省上报之死刑重犯，并分类处理以决定其生死。《秋审比较条款附案》完成于1903年，是沈家本探讨秋审制度的代表作，由秋审条款和秋审成案两部分组成。此书以秋审条款为纲，在每一条款后附相关成案，并附评论，对于了解清代秋审司法过程具有重要价值。

October

2019

Monday

星期一

28

2019 年　10 月 28 日

农历己亥年・十月初一

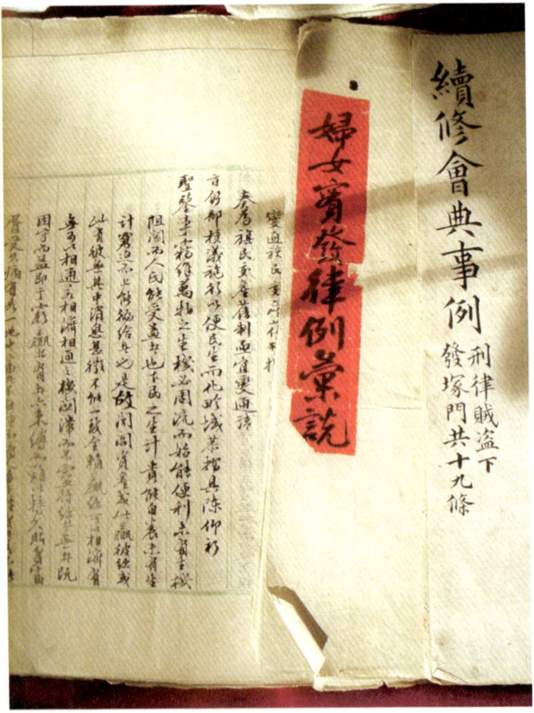

清·《妇女实发律例汇说》

清代沈家本著述手稿，沈厚铎藏。沈家本在此册序中署以“长安薛允升撰”“沈家本参订”字样，而从其内容看，先列条例，次辑薛氏之论，最后是沈家本按语，可以将此作视为薛、沈二人合著。沈家本认为，妇女犯罪与男子不同，“流戍道远，只身难于长行，五徒较轻，亦苦于不能任役”，故历代皆所以宽妇女，而示矜恤。清朝虽承用明制，妇女徒流准赎，但遇有情节较重者直接发遣为奴，不准收赎。清乾隆以后，实发款目日益加多，是于矜恤之中，以惩戒之意更甚。

October

Tuesday

2019

星期二

29

2019 年 10 月 29 日

农历己亥年·十月初二

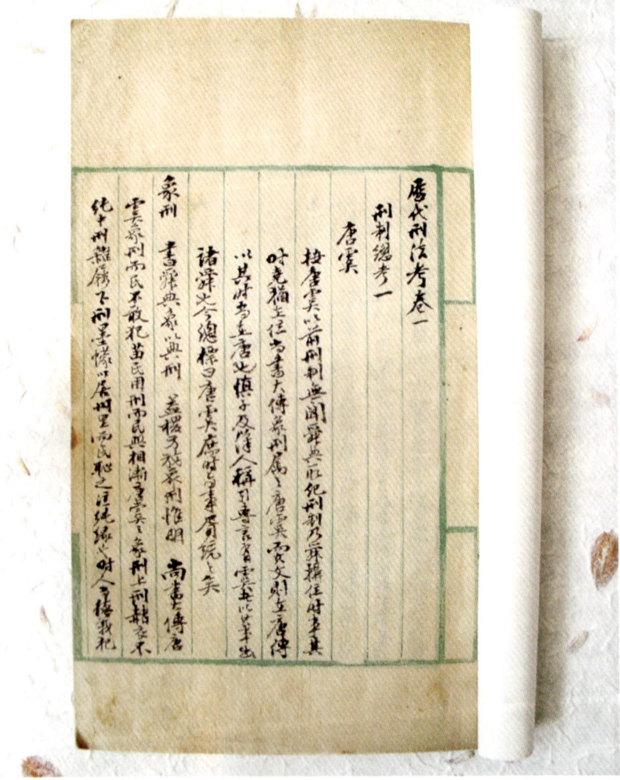

清·《历代刑法考》

清代沈家本著述手稿，沈厚铎藏。《历代刑法考》七十八卷为《沈寄簃先生遗书》甲编的精华，包括《刑制总考》四卷、《刑法分考》十七卷、《赦考》十二卷、《律令》九卷、《明律目笺》三卷、《历代刑官考》二卷、《汉律摭遗》二十二卷，以及《狱考》《刑具考》《充军考》《明大诰峻令考》等经典内容，总计一百二十余万字。该书上溯唐虞，下止明清，总考以五刑制度为基础，考察历代沿革；分考以具体刑罚为题，叙述各代的差异，为中国古代法律研究的必读书。

October

2019

Wednesday

星期三

30

2019 年 10 月 30 日

农历己亥年・十月初三

沈家本著作木刻版

木刻版，现藏于中国政法大学图书馆，沈厚铎先生捐赠。沈家本既是中国传统法制研究的集大成者，也是近代法律体系的奠基人，堪称中国法律近代化的巨擘。沈家本著作木刻版为 1913 年前后由沈氏私家刊刻，目前整体保存良好，计有《沈寄簃先生遗书》甲、乙编书版 2842 块，《枕碧楼丛书》1170 块，《吴兴长桥沈氏家集》480 块，总计 4492 板。内容除沈家本的经典著作如《历代刑法考》七十八卷外，还有诸多法律典籍旧钞本，如《宋刑统赋解》的四种钞本（昆陵董氏钞本《刑统赋解》，璜川吴氏钞本《粗解刑统赋》和《别本刑统赋解》，江阴缪氏钞本《刑统赋疏》），以及绣谷吴氏旧钞本《内外服制通释》、朝鲜钞本《无冤录》等，对于古代法律及古代版本研究具有重要价值。

October

2019

Thursday

星期四

31

2019 年 10 月 31 日

农历己亥年・十月初四

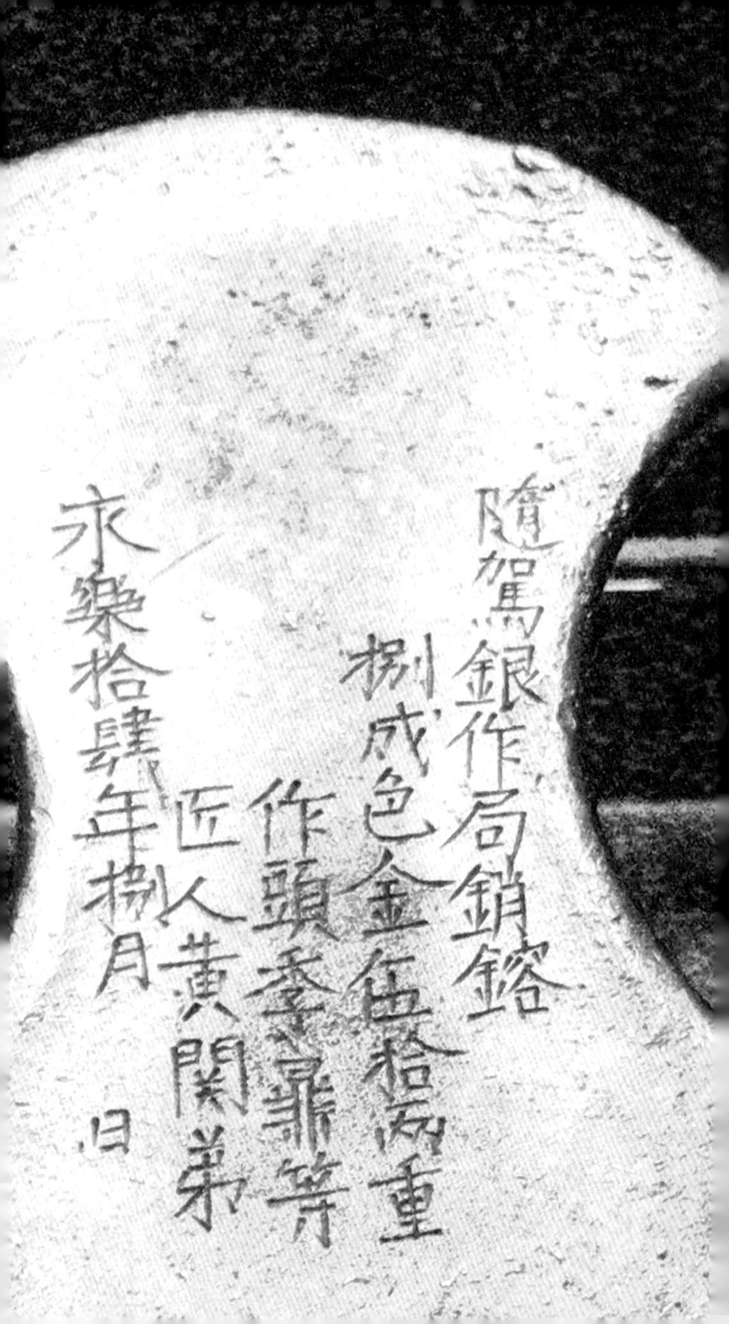
隨駕銀作局銷鎔
捌成色金伍拾兩重
作頭季鼎等
匠人黃閏弟
永樂拾肆年捌月 日

十一月·经济命脉

明·金锭

NOVEMBER

早期·天然贝和骨贝

上图为新石器时期环纹货贝，系天然实物，出土于甘肃兰州土谷台墓地，现藏于甘肃省博物馆。6 枚货贝背部中间磨有大孔以便携带，制作于前 2350 ~前 2050 年。环纹货贝的出土证明商品交换关系出现甚早，天然贝是中国货币的起源之一。下图为骨贝，安徽亳州谯城区杘孤堆商代遗址出土，现藏于亳州博物馆。贝由兽骨雕刻而成，表面光泽，被长期使用过。商代人除用海贝作装饰品，也用作交换媒介，骨贝也起同样作用。

November

Friday

2019

星期五

1

2019 年 11 月 1 日

农历己亥年·十月初五

春秋·包金铜贝

春秋时期铜贝币，1936 年出土于河南辉县琉璃阁东周墓，现藏于河南博物院。从考古资料看，黄金在商代或更早就已经进入人们的生活，但主要作为饰物。在周代墓葬中，金贝以及包金贝、贴金贝明显增多。西周“三年卫盉”刻有“矩白（伯）庶人取堇章（瑾璋）于裘衛，才（财）八十朋，氒（厥）貯，其舍田十田”的铭文，可证西周时贝币较为流行。贝币的单位是朋，一朋为十贝。

November

2019

Saturday

星期六

2

2019 年 11 月 2 日

农历己亥年·十月初六

西周·“上”铲

西周铜铲币，现藏于上海博物馆。铲是商周时的农具，西周时称为“钱”，后来改称“刬”（音铲）。中国货币称为“钱”即来源于此。铲币后期发展为“空首布”“平首布”等。此件铲币为原始布，是农具钱向货币钱发展的过渡形态。其刃口薄而平，銎部深入钱体中间，保留农具钱的形制但不具备农具的实用功能。此可证明农业生产工具是中国古代货币的另一起源。

November

2019

Sunday

星期日

3

2019 年 11 月 3 日

农历己亥年 · 十月初七

春秋战国·楚铜蚁鼻钱及铜范

春秋战国时楚国铜币。上图铜蚁鼻钱出土于湖北孝感野猪湖，现藏于湖北省博物馆。蚁鼻钱是楚国特有的货币，亦为迄今所知楚国最早的金属货币。晋代葛洪《抱朴子·论仙》解“蚁鼻”为“象其轻微也”。因大部分蚁鼻钱形似鬼脸，又称“鬼脸钱”。蚁鼻钱形状仿货贝，正面多凸起，呈椭圆形，上宽下窄，铸有阴文。背面平，部分有字。下图为战国楚蚁鼻钱铜范，现藏于上海博物馆。

November

Monday

2019

星期一

4

2019 年 11 月 4 日

农历己亥年 · 十月初八

春秋·楚银空首布

春秋时楚国银质布币，1974 年出土于河南扶沟，现藏于河南博物院。长 10.5 厘米、宽 6 厘米，重 134.1 克。长方形铲状，平肩，銎部为椭圆形，内空，两肩各有一锥状突起，平足。此币仿中原诸国流通的空首弧足布币形制，又兼具楚国货币平足无文的特征，反映出春秋时期各诸侯国货币之间的相互影响与贸易交往。此币是研究中国古代贵金属造币、楚国币制等的重要实物证据。

November

2019

Tuesday

星期二

5

2019 年 11 月 5 日

农历己亥年·十月初九

战国·赵三孔布

战国时赵国青铜铸币，现藏于宁夏回族自治区博物馆。三孔布是战国时期的青铜铸币，特征为圆首、圆肩、圆足、圆裆，首部和两足各有一圆孔。此枚为大型三孔布，周边有廓，无纹饰，正面铸地名，背面为“两”字。大型三孔布通长7～7.9厘米、宽3.7～4厘米。小型三孔布与此形制相仿，背面写“十二朱”。学者关于三孔布铸地的观点不一，主要有铸于赵国、秦国、中山国、魏国四种观点，其中赵国铸一说流传较广。战国三孔布因形制特殊、存量稀少，被公认为古钱名珍之一。

November

2019

Wednesday

星期三

6

2019 年 11 月 6 日

农历己亥年 · 十月初十

春秋战国·燕“匽”字刀

春秋战国时燕国青铜铸币，现藏于河北博物院。燕国迁燕下都之前通行尖首刀币，之后开始铸造使用“匽”字刀币。“匽”即“燕”，是标注国别的货币。“匽”字刀币作为燕国的法定货币，一直流通至燕国灭亡。秦统一六国后，战国时期各国流行的贝、刀、布等币均被废除。

November

2019

Thursday

星期四

7

2019 年 11 月 7 日

农历己亥年 · 十月十一

战国·楚“郢爰”金版

战国时楚国金币，现藏于陕西历史博物馆。金版正面有“郢爰”戳印，使用时根据需要将金版切割成小块，用天平称量后支付，故边缘有切凿痕迹。金版含金量一般在 90% 以上，质量上好的可达 99%。“郢”为楚国都城（今湖北江陵纪南城），“爰”为货币重量单位。“郢爰”金版多见于楚，也流通到秦、齐、韩等国。下图为浙江德清县博物馆藏楚金版。楚国金版是目前所见中国最早的黄金货币。

立冬

November

2019

Friday

星期五

8

2019 年　11 月 8 日

农历己亥年 · 十月十二

战国·楚“卢金”“郢爯”金版

战国时楚国金币，1979年出土于安徽寿县东津乡花园村，现藏于中国国家博物馆。左为“卢金”金版，长9.3厘米、宽7厘米；右为“郢爯”金版，长7厘米、宽7.3厘米。金版上均钤有印章形文字，也被称为“印子金”。右边方形印戳中为“郢爯”二字。“爯”为称量之意，“爯”前多为地名，除“郢爯”外，尚见“陈爯”“鄟爯”等。左边圆形印戳中为“卢金”二字，“卢”为地名。在支付时，需将金版切割成小块，称量使用。

November

2019

Saturday

星期六

9

2019 年 11 月 9 日

农历己亥年・十月十三

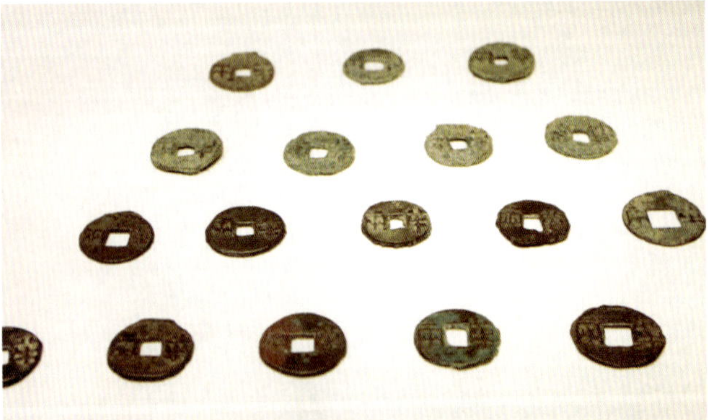

秦·“半两”

秦代青铜铸币，各大型及综合博物馆均有收藏。战国时期，唯秦国使用圆钱。公元前 221 年统一六国后，秦废止了六国旧钱，推行统一的货币制度，规定黄金为上币，单位为“镒”；铜为下币，方孔圆形，单位为“半两”。秦代半两重 12 株（1 两为 24 铢），面文铸“半两”二字。秦“半两”是我国最早的统一货币，其流通结束了各地货币形状各异、重量悬殊的杂乱状态。“半两”钱采用的方孔圆形也逐渐成为中国制钱的定式。

November

2019

Sunday

星期日

10

2019 年 11 月 10 日

农历己亥年·十月十四

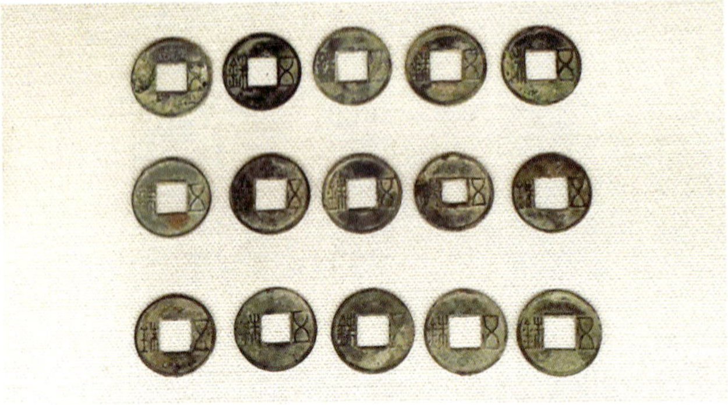

汉·“三官五铢”钱

西汉青铜铸币，各大型及综合博物馆均有收藏。汉初承秦制，黄金货币和“半两”铜钱并行。汉武帝于元鼎四年（前113年）下令禁止郡国与民间铸钱，将铸币权收归中央，令“上林三官”统一铸造并通行全国，自此确立了标准化的“五铢”钱体制。“三官”指主铸造的锺官、主检验成色的辨铜、主刻范的技巧。“三官五铢”为方孔圆钱，径2.5厘米，重3.5～4克。“五铢”作为币文，自汉代起行用，至唐代实行新的币制，沿用了七百多年。

November

2019

Monday

星期一

11

2019 年 11 月 11 日

农历己亥年 · 十月十五

汉·金饼

西汉金币。上图为 1999 年陕西西安谭家乡十里铺村出土的金饼，现藏于陕西历史博物馆。当时所出金饼计有 219 枚，直径为 5.6 ~ 6.5 厘米，每枚重约 247 克，最重者 254.4 克。金饼凹面可见文字、戳记和符号。下图为河北博物院藏满城汉墓出土的金饼，其中刘胜墓出土 40 枚，窦绾墓出土 29 枚，含金量为 95% ~ 97%，每饼重 16 ~ 18 克，相当于西汉的一两。汉文帝时行酎金之制，每年在长安承祠宗庙时，命诸侯王和列侯按封国人口数献黄金助祭。所献黄金如分量或成色不足，王削县，侯免国。相关法令集中在《酎金律》中。

November

2019

Tuesday

星期二

12

2019 年 11 月 12 日

农历己亥年・十月十六

汉·麟趾金和马蹄金

西汉金币，1978 年出土于河南许昌襄城县。西汉的黄金货币以圆形为主，有金饼、麟趾金和马蹄金三种形状。麟趾金以形似麒麟趾而得名，取意祥瑞，始于武帝太始二年（前 95 年）。宋《梦溪笔谈·金币考》称：“麟趾中空，四傍皆有文，刻极工巧。马蹄作团饼，四边无模范迹，似于平物上滴成，如今干柿，土人谓之‘柿子金’。”麟趾金和马蹄金主要用于帝王赏赐、馈赠或大宗交易。

November

2019

Wednesday

星期三

13

2019 年 11 月 13 日

农历己亥年·十月十七

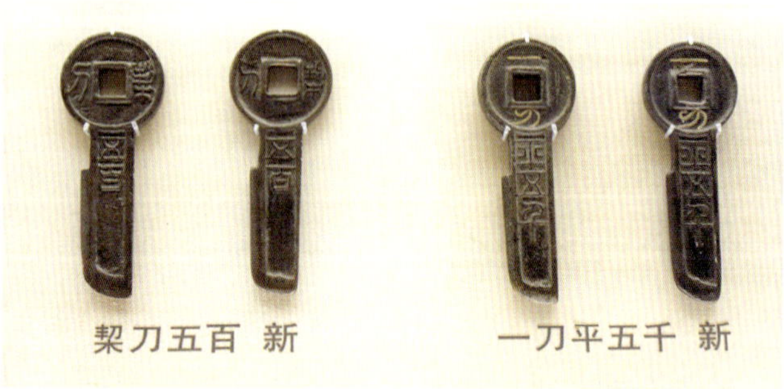

汉·“契刀五百”“一刀平五千”

汉代青铜铸币，国内众多博物馆均有收藏。王莽先后进行了四次币制改革。第一次改革在其篡位之前，即居摄二年（7 年），铸“大泉五十”“契刀五百”与“一刀平五千”三种新币，强令与五铢钱比价并行。“契刀五百”与“一刀平五千”均环首刀身，长 73 ~ 75 毫米。前者值五铢钱五百，“契刀”二字为阳文；后者值五铢钱一千。因“一刀”二字阴文错金，故又称“金错刀”。五铢钱是中国历史上铸造数量最多、通行时间最长的方孔圆钱，王莽推行的新币制使五铢钱的行用遭到破坏。

November

2019

Thursday

星期四

14

2019 年 11 月 14 日

农历己亥年 · 十月十八

汉·新莽“大布黄千”

汉代新莽青铜铸币，现藏于陕西西安大唐西市博物馆。“大布黄千”为王莽始建国二年（10 年）实施第三次货币改制时所铸十布之最大者。“黄”为“横”之省，“横”即“衡”，币面文字意为一枚“大布黄千”等于千枚“小泉直一”。一般长 5.4 厘米，重 8 ~ 12 克。当时的币制变革主要是推行“宝货制”，即以金、银、铜、龟、贝为材质，称五物；造金、银、龟、贝、泉、布六货，共分二十八品。“大布黄千”是布货十品中的一品。“宝货制”名目繁多，币制悬殊且复杂，但在实际流通中仍是大、小二泉为主，故小泉值一、大泉五十及大布黄千流传相对较多，其余均少见。

November

Friday

2019

星期五

15

2019 年 11 月 15 日

农历己亥年・十月十九

唐·“宝”钱

唐代青铜铸币，现藏于上海博物馆。唐代货币称呼改“钱”为“宝”。武德四年（621 年）始铸铜钱，钱文隶书“开元通宝”，由欧阳询所书，端正大气。“开元通宝”径 24 ~ 25 毫米，一钱重二铢四絫，十钱重一两，中国币制从此改为十进制。“开元通宝”为开辟新纪元之意，非年号钱，终唐行用。此外唐王朝也铸造了其他七八种钱。“乾封泉宝”始铸于乾封元年（666 年），为年号钱。鎏金的“乾封泉宝”专用于赏赐或殉葬，非流通货币。“乾元重宝”始铸于乾元元年（758 年），亦为年号钱，是钱币称“重宝”的开端。唐代货币形制对周边国家的货币产生了深远的影响，成为中外贸易、交流的实物见证。

November

2019

Saturday

星期六

16

2019 年 11 月 16 日

农历己亥年 · 十月二十

唐 · 金铤

唐代金铤，1979 年出土于山西平鲁屯军沟，现藏于山西博物院。唐中期以后，金铤的熔铸多与军需有关。《唐大诏令集》载开元二年（714 年）唐玄宗的敕令规定：“所有服饰、金银器物，令付有司，令铸为铤，仍别贮掌，以供军国。”平鲁出土的金铤上有“乾元元年”字样。乾元元年（758 年）是唐肃宗的第二个年号，当时正值“安史之乱”。左矩形金铤长 8.4 厘米、宽 4.4 厘米、厚 0.7 厘米，重 467 克，上面凿有“柱国魏国公臣张通儒进”字样。张通儒为安禄山手下的重要人物，在新旧《唐书》中均有记载。另一长条形金铤长 14.7 厘米、宽 1.5 ~ 2 厘米、厚 0.4 厘米，重 283 克，上面錾有“金贰拾两铤专知官长员外同正”字样。唐代货币以开元通宝钱为主，金铤主要用于进献、贡奉，流通并不是主要功能。

November

2019

Sunday

星期日

17

2019 年 11 月 17 日

农历己亥年 · 十月廿一

唐 · 银铤

唐代银铤，现藏于陕西历史博物馆。右为“窟课”银铤，西安市南郊出土。第一行刻“河南府伊阳县天宝十二载窟课银壹铤伍拾两”，第二行刻“天宝十三载五月日使光禄大夫守司空兼右相文部尚书崇文馆大学士集贤院学士修国史上柱国卫国公杨国忠进”。“窟课银”是官府向银矿窟征收的税银，此铤系天宝十二年（753年）向伊阳县银矿窟征收，次年被杨国忠进献给皇帝。左为建中二年（781年）银铤。长31.4厘米、宽6.8厘米，重2100克，浇铸成型，表面锤槌整平。铤上铭文为“岭南观使判官建中二年二月减判银课料五拾两官称”。“岭南观使”即“岭南道观察使”，“判官”为官吏名，职责是协助观察使等官吏处理政事。“减判”之“判”通“半”。“课料”指地方官员俸料待遇。“减判银课料”为岭南观察使下判官减半支给的课料银。

November

2019

Monday

星期一

18

2019 年 11 月 18 日

农历己亥年 · 十月廿二

宋 · “崇宁通宝”

北宋青铜铸币，现藏于宁夏回族自治区博物馆。“崇宁通宝”为年号钱，始铸于宋徽宗赵佶崇宁年间（1102 ~ 1106 年）。崇宁取崇尚熙宁国策之意。除“通宝”外，还有“重宝”“元宝”。因“崇宁通宝”当十型钱文为徽宗亲书，又称为“御书钱”。

November

2019

Tuesday

星期二

19

2019 年 11 月 19 日

农历己亥年 · 十月廿三

宋·“行在会子库”铜版

南宋纸钞青铜印版，现藏于中国国家博物馆。版面为竖长方形，长 17.4 厘米、宽 11.8 厘米。正中横写“行在会子库”，上部右侧刻“大壹贯文省”，左侧刻“第壹百拾料”。中部方框内刻防伪赏格：“敕：伪造会子犯人处斩，赏钱壹仟贯。如不愿支赏，与补进义校尉。若徒中及窝藏之家能自告首，特与免罪，亦支上件赏钱。或愿补前项名目者，听。”下方为山水花纹图案。“行在”指当时的首都临安（今杭州），“会子库”即会子务，是主管会子印制的机构。“会子”之名出现于北宋，是一种取钱物的凭证。南宋政府发行会子的时间为绍兴三十一年（1161 年）。钞版上所铸货币防伪管理条令，也借助纸币的流通而得到传布。

November

2019

Wednesday

星期三

20

2019 年 11 月 20 日

农历己亥年 · 十月廿四

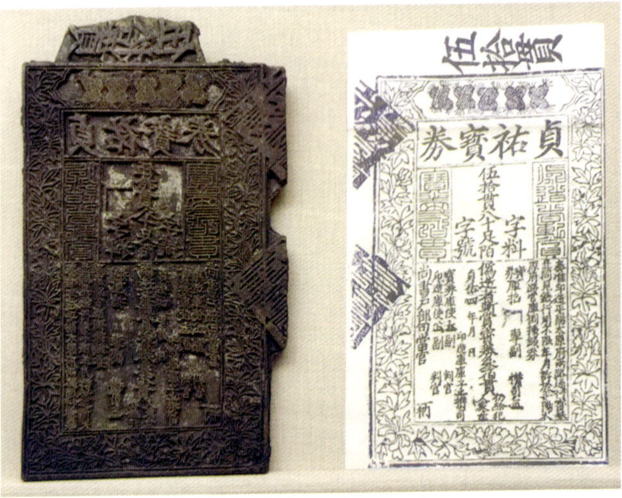

金·“贞祐宝券”钞板及纸钞

金代纸钞青铜印版，1978 年出土于山西新绛县梁村，现藏于山西博物院。长 33 厘米、宽 19 厘米。版四周为花框，框上横书“伍拾贯”，下方为五组钱串图案。左侧斜押“平阳合同”“太原合同”半枚骑缝印鉴。框心内以横线分隔为上下两半。上半上方横书“贞祐宝券”，正中竖写“伍拾贯八十足陌”，两边写“字料”“字号”。外侧有篆文，连读为“伪造者斩，赏宝券叁佰贯”。下半部竖写：“奏准印造平阳太原府两路通行宝券并同见钱行用，不限年月。许于平阳太原府路官库倒换钱券。宝券库掐专副攒司。伪造者斩，赏宝券叁佰贯，仍给犯人家产。”后列年款、责任官员及署押等。此钞发行于贞祐四年（1216 年），只限平阳、太原流通，与其他贞祐宝券“诸路通行”不同。

November

Thursday

2019

星期四

21

2019 年 11 月 21 日

农历己亥年・十月廿五

金·“承安宝货”银币

金代流通银币，现藏于黑龙江省博物馆。金代末期，交钞泛滥贬值，铜钱严重匮乏，最终使购买边防军需物资和发放官兵工资受到影响。承安二年（1197 年）政府下令铸造“承安宝货”，分为一两、一两半、二两半、五两、十两五等，法定一两兑铜钱二贯（二千）。后因掺杂铜锡，私铸泛滥，造成银币成色降低，致使“京师闭肆，寖不能行”，被迫停铸。“承安宝货”为弧首、束腰，由银锭转化而来，虽仅行用三年，却是中国历史上第一次以白银为币材正式颁行的法定货币。

小雪

November

2019

Friday

星期五

22

2019 年 11 月 22 日

农历己亥年 · 十月廿六

元·“至元通行宝钞”贰貫钞版与印钞

元代宝钞青铜印版，现藏于上海博物馆。长16.3厘米、宽9.2厘米。最上端横书“至元通行宝钞”，下为版心。版心上半部左右各竖写一行八思巴文，左为“至元宝钞”，右为“诸路通行”，中间横书“贰貫”。下半部竖写防伪法令：“尚书省：奏准印造至元宝钞。宣课差发内并行收受，不限年月，诸路通行。宝钞库子攒司，印造库子攒司，伪造者处死，首告者赏银五锭，仍给犯人家产。至元年月日，宝钞库使副、印造库使副、尚书省提举司。”纸币在版心处有两枚朱色钤印，上为“提举诸路通行宝钞印”，下为“印造宝钞库印”。元代以行钞为主，“至元通行宝钞”发行于至元二十四年(1287年)，为元代流通时间最长的纸币，同时制定的《至元宝钞通行条画》是中国古代最完善的纸币管理法。右纸钞为首都博物馆藏。

November

Saturday

2019

星期六

23

2019 年 11 月 23 日

农历己亥年·十月廿七

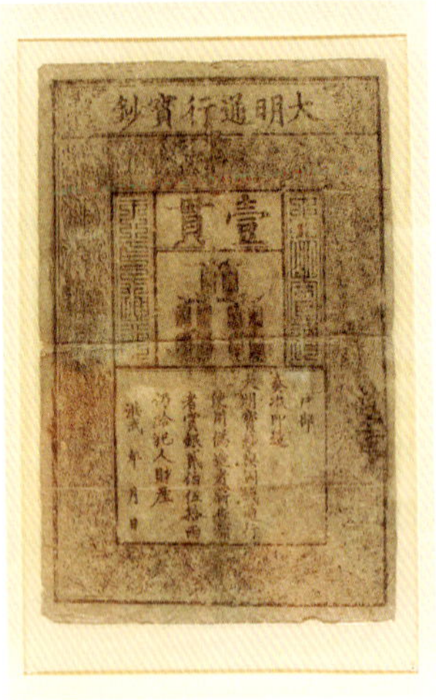

明·“大明通行宝钞”壹贯及钞版

明代宝钞青铜印版，现藏于中国国家博物馆。长 33.8 厘米、宽 22 厘米，四周有龙纹花框，最上端横书“大明通行宝钞”。框内分上下两半，上半两边竖写篆书，右为“大明宝钞”，左为“天下通行”，中间横书“壹貫”，下方有古钱图样。下半竖写法令：“户部：奏准印造。大明宝钞与铜钱通行使用。伪造者斩，告捕者赏银贰佰伍拾两，仍给犯人财产。洪武年月日。”洪武八年(1375 年)诏中书省造“大明通行宝钞”，面额自一百文至一贯，共六种。废中书省升六部，造钞属户部，铸钱属工部。此户部“壹贯”钞版当为洪武十三年后铸印。而中书省“叁佰文”钞当印行于洪武十三年前。

November

2019

Sunday

星期日

24

2019 年 11 月 24 日

农历己亥年·十月廿八

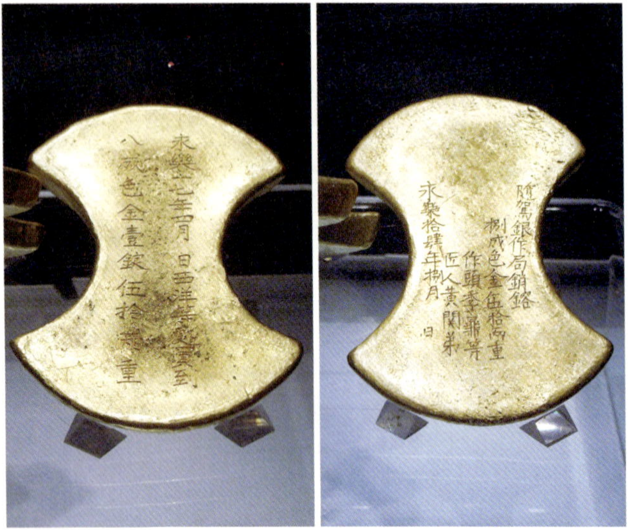

明·金锭

明代金锭，2001 年出土于湖北钟祥明梁庄王墓，现藏于湖北省博物馆。左侧郑和金锭长 13 厘米、首宽 9.8 厘米、厚 1 厘米，重 1937 克。正面铭刻“永乐十七年四月日西洋等处买到八成色金壹锭伍拾两重”，是郑和第五次下西洋期间从海外购买的金料，回国后制成金锭，在梁王朱瞻垍大婚时，由皇帝赏赐梁王，是研究郑和下西洋与明代海上贸易的珍贵实物资料。右侧金锭长 14 厘米、宽 10 厘米、厚 0.8 厘米，正面铸有“随驾银作局销镕，捌成色金伍拾两重。作头季鼎等，匠人黄闵弟，永乐拾肆年捌月日”字样。“随驾银作局”是随永乐皇帝往返于南京、北京，负责制作金银钱币和器具的机构，“作头”是管理工匠的职官。此枚金锭提供了明初金银币制作及管理的相关信息。

November

2019

Monday

星期一

25

2019 年 11 月 25 日

农历己亥年・十月廿九

明·“金花银”银锭

明代银锭，北京明十三陵定陵出土，现藏于定陵博物馆。银锭俗称银元宝，形似两端翘起的船。“金花银”本意是带有金光的足色白银，明中后期成为田赋折银的化身。图中右侧银锭刻有“宜黄县四十六年北折五十两五钱”文字。“宜黄县”属江西抚州府，“四十六年”指万历四十六年（1618 年），此锭为宜黄县征解向朝廷交纳的库银，故标明解银地点、重量。明代赋税有本色、折色之称，以米、麦交纳称本色，将税粮折为金、银等交纳称折色。正统元年（1436 年），江南田赋折成银两，解入内承运库专供宫廷之用，称为“金花银”，是明代白银货币化开始的重要标志。

November

2019

Tuesday

星期二

26

2019 年 11 月 26 日

农历己亥年 · 十一月初一

明・金锭

明代金锭，北京明十三陵定陵出土，现藏于定陵博物馆。定陵为明神宗朱翊钧（年号万历）的陵寝，出土金锭 103 枚，其中 53 枚有铭刻文字。依据铭文，来自大兴县的 7 枚和宛平县的 13 枚均由铺户买完，均为九成色金。另 33 枚由云南布政使司计解，为云南上交内库的“年例金”，全部为足色金。图中金锭刻有“万历四十六年（1618 年）户部进到大兴县铺户严洪等买完”字样。明代铺户有当行买办的义务，地方铺户为官府尽义务，京师铺户主要为宫廷尽义务。顺天府乃京师所在地，其治下宛平、大兴二县的铺户要承担为皇族、内廷供奉的义务，金锭上的铭刻提供了可靠信息。

November

2019

Wednesday

星期三

27

2019 年 11 月 27 日

农历己亥年・十一月初二

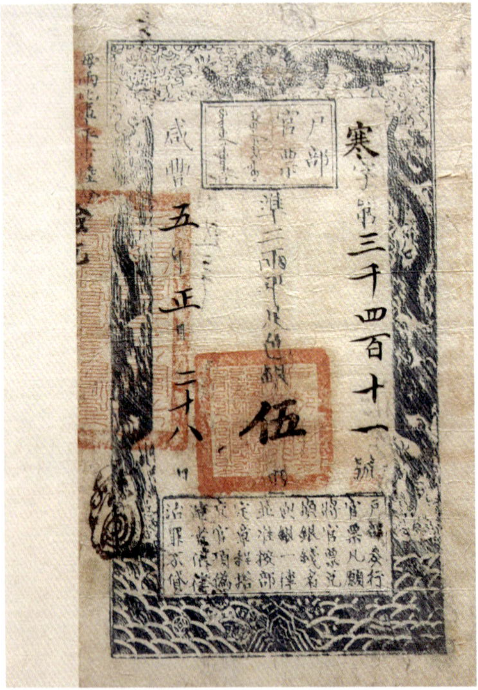

清・户部官票

清代纸钞，现藏于辽宁省博物馆。为镇压太平天国、弥补财政亏空，清政府于咸丰三年（1853年）二月和九月正式发行“户部官票”和“大清宝钞”。户部官票简称“官票”，因以银两为单位，又称“银票”，有五种面值。形制仿大明宝钞，四周饰龙纹和波浪纹图案。花框内上端为满、汉文“户部官票”字样，下为面额，右侧标字号，左侧书时间，底部为告示：“户部奏行官票，凡愿将官票兑换银钱者，与银一律并准按部定章程搭交官项。伪造者依律治罪，不贷。”钞上钤有朱色印文。在花栏外左侧有“每两比库平少陆分”字样，意为兑换时有所折扣。户部官票下方所载告示反映了当时货币管理政策、法源及其位阶。

November

2019

Thursday

星期四

28

2019 年 11 月 28 日

农历己亥年·十一月初三

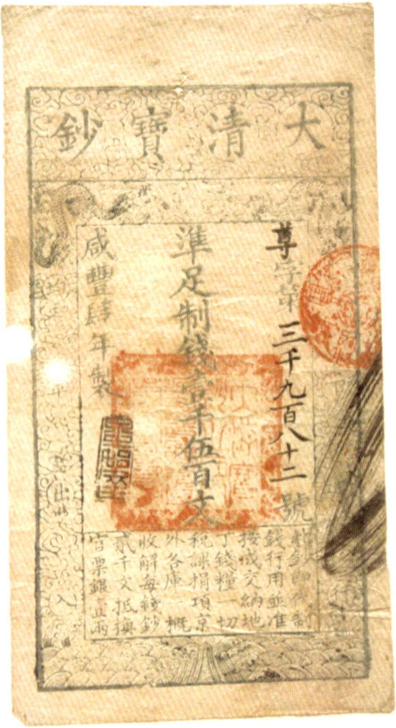

清·大清宝钞

清代纸钞。“壹千伍百文”钞，现藏于山西博物院。大清宝钞始印于咸丰三年（1853年）九月，以制钱比作价，面额多种。形制仿大明宝钞，四周饰龙纹和波浪纹图案。长27.7厘米、宽14.5厘米。上端标“大清宝钞”。正中印有面额“准足制钱壹千伍百文”，右侧标“尊字第三千九百八十二号”，左侧注“咸丰肆年制”。下部为告示：“此钞即代制钱行用，并准按成交纳丁钱粮一切税课捐项，京外各库一概收解，每钱钞贰千文抵换官票银壹两。”此钞上还钤有朱色印两枚、墨色印一枚。两侧边框中有小字，左书“均平出入”，右书“天下通行”。与前代宝钞相比，省去制伪钞之处罚，新增兑换比率，同时赋予宝钞交纳赋税之功能。

November

2019

Friday

星期五

29

2019 年 11 月 29 日

农历己亥年 · 十一月初四

清 · 太平天国钱币

太平天国“圣宝”钱币，上图现藏于宁夏回族自治区博物馆。太平天国政权存在期间（1853 ~ 1864 年）曾铸有多种钱币，材质有金、银、铜、铁等类。早期铜钱正面铸“天国”、背面铸“圣宝”字样，后来铸造正面为“太平天国”、背面为“圣宝”的大小四等钱。非流通的镇库钱也铸有“太平天国”“圣宝”字样。“太平天国”中的“国”字中为“王”而非“玉”。钱名“圣宝”有赞美上帝教宗教纲领之意。“圣”指上帝，认为万物统归上帝，非个人所私有。下图为江苏南京太平天国历史博物馆藏太平天国金银币。

November

2019

Saturday

星期六

30

2019 年 11 月 30 日

农历己亥年·十一月初五

十二月·经典流传

西周·刖人守门方鼎

DECEMBER

夏·镶嵌十字纹方钺

夏代晚期（前 18 ~前 16 世纪）青铜器，现藏于上海博物馆。长 35.6 厘米、宽 33.2 厘米、孔径 6.1 厘米，重 5.16 千克。此钺体形厚实，圆心周围环列两圈用绿松石嵌成的十字纹，十字纹内外又环列绿松石圈。十字纹、圆圈纹与中心镂孔形成方圆相间的图案，排列有序，虚实融合。钺顶开两个长方形孔，用于安装木柄时穿过皮条。刃部无锋，不具备实战功能。在古代文献中钺也被称为“王斧”或者“天钺”。甲骨文中，“王”字写法如斧钺之形。钺作为王权的象征始于夏代，之后被商周承袭。

December

Sunday

2019

星期日

1

商・亚醜钺

商代青铜钺，1965 年出土于山东青州苏埠屯 1 号墓，现藏于山东博物馆。长 32.7 厘米、刃宽 34.5 厘米。器身透雕人面纹。人面五官微突，双目圆睁，嘴角上扬，露齿，传神而威严。口部两侧对称铭刻“亚醜”二字，故名“亚醜钺”。出土此钺的墓葬规格极高，专家推测为“亚醜”的家族墓地，墓主人的身份可能是仅次于商王的方伯。《国语・鲁语》称：“大刑用甲兵，其次用斧钺。”韦昭注：“斧钺，军戮。”青铜钺一般出土于高等级墓葬中，集征伐、刑杀之权于一身。“礼源于祭祀，刑始于兵”，是中国法制起源发展的重要路径。

December

2019

Monday

星期一

2

2019 年 12 月 2 日

农历己亥年 · 十一月初七

商・妇好大铜钺

商代青铜钺，1976 年出土于河南安阳殷墟妇好墓，现藏于中国社会科学院考古研究所。长 39.5 厘米、宽 37.5 厘米，重 9 千克。身呈斧形，靠肩处饰有双虎噬人纹，两虎作侧视状，人头居于两虎之间。钺身中部有“妇好”铭文。妇好是商王武丁最宠幸的王后和女将，曾率兵征伐夷、羌、土等方国，战功卓著。这件具有威仪感的青铜钺并非实用兵器，而是妇好征战杀伐权力的象征。西周“虢季子白盘”上铭文有“赐用戉（钺），用政（征）蛮方”也印证了这一点。

December

2019

Tuesday

星期二

3

2019 年 12 月 3 日

农历己亥年・十一月初八

西周·虎纹钺

西周青铜钺，出土于甘肃灵台县白草坡西周墓地，现藏于甘肃省博物馆。通长 23 厘米、宽 6 厘米。以虎首为銎，虎背为刃，是西周特有的异形兵器。虎纹与器形相适应，虎齿、爪锐利，虎尾下垂。以虎纹饰钺，当取凶猛威武之意。商周时期，钺是君王和将领征伐大权的象征，代表持有者对敌族及不听命者拥有生杀予夺的权力。

December

2019

Wednesday

星期三

4

2019 年 12 月 4 日

农历己亥年·十一月初九

西周·人头形铜勾戟

西周青铜兵器，1967 年出土于甘肃灵台县白草坡西周墓地 2 号墓，现藏于甘肃省博物馆。戟长 25.5 厘米、宽 23 厘米，重 275 克。援基饰一浮雕牛头。戟上人头呈长颅、深目、高鼻、薄唇状，面颊上刻有符号。有学者认为是最早进入新疆和河西走廊的印欧人——吐火鲁人的形象。以异族首级置于兵器顶端，有炫耀威武之意。也有学者认为面颊上的符号为墨刑的标记。从同墓葬出土的有铭文的青铜器可知，戟的主人为伯，在周康王（前 1020 ~ 前 996 年）时被封到这里，以加强对殷商移民及异族方国的镇抚。

December

2019

Thursday

星期四

5

2019 年 12 月 5 日

农历己亥年·十一月初十

西周·它盘

西周青铜礼器，1963年出土于陕西扶风县齐家村一西周铜器窖藏，现藏于陕西历史博物馆。盘是商周贵族宴飨时所用的盛水礼器。通高16.6厘米、口径40.6厘米、腹深5.7厘米，重8.24千克。平沿，高附耳，腹部及耳面饰重环纹，器内底铸一“它”字。圈足下有四个受过刖刑的裸体男子作跽坐式，腿屈于臀下，双手扶膝，肩负重盘。刖刑是西周“五刑”之一，即斩趾断足的刑罚。《周礼·秋官》记载：“墨者使守门，劓者使守关，宫者使守内，刖者使守囿。”此器不仅反映出西周贵族的森严礼制，也展现出肉刑的真实与残酷，是研究古代刑罚的珍贵实物史料。

December

2019

Friday

星期五

6

2019 年 12 月 6 日 农历己亥年·十一月十一

西周·刖人守门方鼎

西周中期青铜器，1976年出土于陕西扶风县庄白一号窖藏，现藏于宝鸡市周原博物馆。通高18厘米、口径16.4厘米。鼎为方体，双附耳，分上下两层。下层为盛炭火的灶膛，一侧有两扇门能开启。右侧门上铸有一个受刖刑断去一足的刑徒，作看守门户状。“刖人守门鼎”便据此定名。此鼎使用时，在鼎腹盛放肉食，在灶膛内举火，可在食用时保持温度，故为温食器。

经 典 流 传

大雪

December

Saturday

2019

星期六

7

2019 年 12 月 7 日

农历己亥年 · 十一月十二

西周·刖人守门方鬲

西周晚期（前 865 ~前 771 年）青铜器，现藏于故宫博物院。高 13.5 厘米、口横 11.2 厘米、口纵 9 厘米，重 1.46 千克。鬲为古代炊器，多为圆形，方体鬲存世者少见。鬲座为方屋形，正面开门，余三侧留窗，在前门铸有一个受刖刑者。此人圆目大口，裸体，身侧和门连铸，右手见于腹前，右臂回环处恰作门闩插孔，左腿自膝下刖去，左手扶杖而立。此类“刖人”青铜器的发现不仅印证了文献记载西周肉刑的真实性，也为“刖人守囿”提供了形象的细节。

December

2019

Sunday

星期日

8

2019 年 12 月 8 日

农历己亥年 · 十一月十三

春秋·刖人守囿车

春秋时期青铜六轮挽车，1989 年出土于山西闻喜上郭村，现藏于山西博物院。通高 9.1 厘米、长 13.7 厘米、宽 11.3 厘米。6 个车轮可转动，车厢顶盖可开启。车身及顶装饰有猴、虎、鸟等 14 个动物。近大车轮处器壁有一兽面衔环可作牵引，另一侧开一小门，门扉上立有左脚残缺的刖刑者，门栓从其右臂腋下穿过。此车小巧精致，当是墓主生前喜好的“弄器”。

December

2019

Monday

星期一

9

2019 年 12 月 9 日

农历己亥年·十一月十四

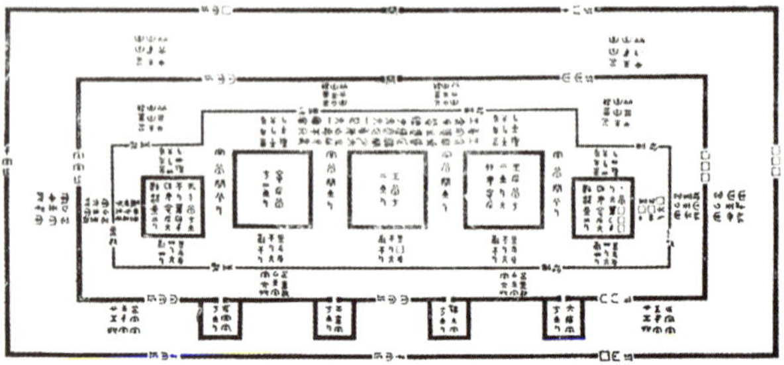

错金银铜版兆域图摹本

Tracing of the Plan

战国·错金银铜版《兆域图》

战国铜版，1974 年出土于河北平山县战国中山王陵（约前 315 年），现藏于河北博物院。长 94 厘米、宽 48 厘米、厚约 1 厘米，重 32.1 千克。“兆域”意指陵墓区，此为中山王厝和王后陵区建设规划图。图中标示出各个建筑的长度和间距，王堂上部铸有中山王营陵之令。铭文大意为：中山王命令赒修建陵园时要按照规定的大小标准。有司诸官已将这些标准绘制成图。若不遵从而有所出入，则处以死罪不得赦免。不执行本王命者，罪及子孙。该铜版一件从葬，一件藏于王府。版背面有铺首，以方便搬运。

December

2019

Tuesday

星期二

10

2019 年 12 月 10 日

农历己亥年 · 十一月十五

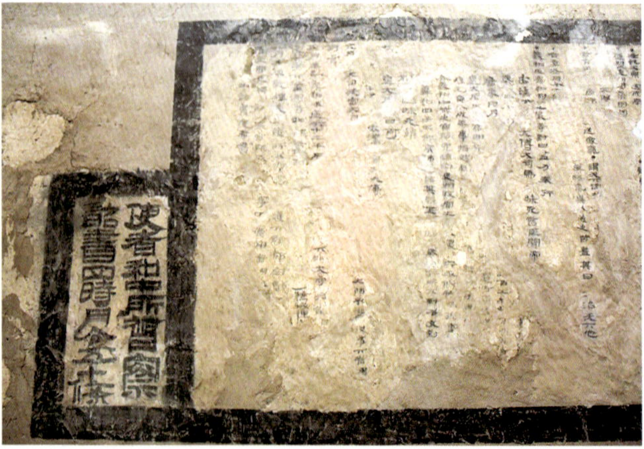

汉·《四时月令诏条》壁书

西汉诏令，1992 年出土于甘肃敦煌悬泉置遗址，现藏于中国国家博物馆。墙壁墨书题记长 245 厘米、宽 60 厘米，共计 101 行。最后 2 行为标题书于框内，文为“使者和中所督察诏书四时月令五十条”。壁书内容系元始五年（5 年）由当时秉政的王莽上呈，以临朝太皇太后的名义颁布的“环保”条令。文首是太皇太后诏文，次为和中下发郡太守的例言。诏条内容主要从《礼记·月令》中选取，按春夏秋冬四季的顺序排列。结尾部分为安汉公王莽的奏请和逐级下达文书的格语，最后是敦煌太守的发文告语。内容可反映出汉代对顺应天时及人与自然和谐关系的重视。

December

2019

Wednesday

星期三

11

2019 年 12 月 11 日

农历己亥年 · 十一月十六

汉·贡纳场面贮贝器

古滇国青铜祭器，1956 年出土于云南晋宁石寨山第 13 号墓，现藏于中国国家博物馆。原应由两鼓重叠而成，出土时上鼓已破碎。残高 39.5 厘米，腰围 93 厘米、足围 139.7 厘米。在上下鼓相连的边沿处，雕铸有 21 个立体人物和动物造型，内容为表现臣服的部族向滇王朝觐或纳贡的场面。为首者着盛装，腰佩长剑，应该是部族头领或使者的形象。随从衣着简朴，或牵牛引马，或背负重物。器内贮藏有源自印度洋和太平洋的海贝，是古滇国对外贸易中使用的“外汇”。此器从作为礼乐器的铜鼓演变而来，是古滇国王侯贵族身份权力和财富的象征。

December

2019

Thursday

星期四

12

2019 年 12 月 12 日

农历己亥年・十一月十七

汉·诅盟场面贮贝器

古滇国青铜祭器，云南晋宁石寨山 12 号墓出土，现藏于中国国家博物馆。通高 51 厘米，盖径 32 厘米、底径 29.7 厘米。器盖上雕铸有一间干栏式房屋及一百二十余人，以干栏式建筑内的人物为中心，表现了滇王杀祭诅盟的典礼场面。房屋建筑由屋顶和平台构成。平台高凳上垂足坐着一位主祭人，其周围放置有 16 面铜鼓，其左前方和右侧均为参与祭祀者。平台左右两侧为椎牛刑马、屠豕宰羊等为祭祀做准备的场面。平台之后有待刑的裸体男子和持器盛物的妇女等。出土时器内贮贝三百余枚。诅盟为古代西南民族中盛行的一种风俗，凡有重大事件都要用盟誓来约束。从器盖上平台后面杀人祭柱的场面来推测，这是一次立柱祭社的仪式。

December

2019

Friday

星期五

13

2019 年 12 月 13 日 农历己亥年・十一月十八

汉・籍田祭祀场面贮贝器

古滇国青铜祭器，1972 年出土于云南江川李家山墓葬，现藏于云南省博物馆。贮贝器均出土于大型墓葬中，是滇国王侯贵族的专用品，象征着财富、地位、权力。此器通高 40 厘米、盖径 33.3 厘米。器盖上铸有 35 个人物和 2 匹马，展现了籍田祭祀和赶集贸易的场面。中央为一高大铜柱，更引人注意的是由四人抬的肩舆内的鎏金妇人。肩舆左右有侍者及随从，前有二骑开道，其余部分是提篮叫卖、抱坛顶物等人物形象。古滇国出现于战国初期、消失于西汉初年，存在约五百年。青铜贮贝器上展现的史诗般的场景，成为解读滇国历史及社会生活的无字史书。

December

2019

Saturday

星期六

14

2019 年 12 月 14 日

农历己亥年 · 十一月十九

汉·吊人青铜矛

古滇国青铜兵器，云南晋宁石寨山出土，现藏于中国国家博物馆。长 38 厘米、宽 5.4 厘米。此矛为圆銎，刃部呈柳叶形，近柄处两侧用细链各吊一个裸体男子，被垂吊者头梳椎髻，双臂反绑，头颈低垂；一股凌厉的气息扑面而来。对被征罚者施以刑罚或作为牺牲，是显示统治权威的必要方式。此器当是滇人仪仗用青铜器。

December

2019

Sunday

星期日

15

2019 年 12 月 15 日 农历己亥年・十一月二十

汉·“收租图”陶仓楼

西汉陶器，1963 年出土于河南新密市后士郭村东汉墓葬，现藏于河南博物院。通高 70 厘米、宽 52 厘米、进深 20 厘米。楼身呈长方筒状，可与楼顶分段拆卸。仓楼四壁绘有壁画，并与仓楼的功用有机联系在一起。“收租图”绘在仓楼正面下部，图中有四人，其中两人正往粮袋中装粮，身边有斗、斛、粮堆，似是地主与管家正和农民进行交粮清算。仓楼背后绘马厩。汉代庄园经济发达，重视积贮，壁画生动再现了庄园地主收租入仓的情景。

December

2019

Monday

星期一

16

2019 年 12 月 16 日

农历己亥年 · 十一月廿一

汉·乞贷画像砖

东汉画像砖，四川德阳黄浒镇蒋家坪出土，现藏于四川博物院。图中有一仓房，仓房门口有一人抱斛斗而出，仓前坐于席上者是地主，跪于左者是求乞告贷的农民，两人之间的席子上堆着一堆粮食，农民告贷的情景活现在人们面前。但对图中内容学界尚有争论。

December

2019

Tuesday

星期二

17

2019 年 12 月 17 日

农历己亥年・十一月廿二

汉·讲学画像砖

东汉画像砖，成都羊子山汉墓出土，现藏于重庆三峡博物馆。画面上，一位儒者居左坐于榻上，上方有遮挡灰尘的“承尘”，六位学生席地而坐，手捧竹简，或凝神静听，或答疑问难，一位学生的腰间还悬挂着用于刮削竹简的削刀，形象地记录了东汉巴蜀地区社会教育的一景。根据此砖画面内容，学者有“讲学图”“传经讲学图”“石室讲经图”“文翁讲学图”等诸种定名。

December

2019

Wednesday

星期三

18

2019 年 12 月 18 日

农历己亥年·十一月廿三

汉·“熹平石经”残石

东汉儒经刻石，河南洛阳偃师汉魏城南太学遗址出土，现藏于中国国家博物馆。熹平四年（175 年），汉灵帝命蔡邕等人订正七经文字，蔡邕等儒者奉诏以隶书写定《诗》《尚书》《周易》《仪礼》《春秋》《公羊传》《论语》七经，后刻成石碑 46 块，立于东汉太学讲堂前，供太学生观摩，史称“熹平石经”。它是我国最早的一部石刻文献，也是中国最早的官定儒家经本。汉献帝初平元年（190 年）董卓焚烧洛阳宫庙，石经被毁，只有残石存世。

经 典 流 传

December

Thursday

2019

星期四

19

2019 年 12 月 19 日

农历己亥年・十一月廿四

汉·孝堂山郭氏墓石祠

东汉墓地祠堂，存于山东济南长清区孝里镇孝堂山顶，是孝子郭氏墓地附属之祠堂，也是中国现存最早的石筑石刻房屋建筑。石祠仿汉代民居建筑，坐北朝南，东西长 4.1 米，南北宽约 2 米，高 2.6 米。墙壁为厚约 20 厘米的石板。内壁和横梁上刻有 36 组画像，画像旁间有“大王车”“成王”“胡王”“孔子”等榜题和后人留下的大量题记，其中东汉顺帝永建四年（129 年）的题记为判定祠堂的年代提供了佐证。祠堂西山墙外，刻有北齐武平元年（570 年）齐州刺史陇东郡王胡长仁所撰《感孝颂》，文中提到郭巨养母的故事，后人据此认为是孝子郭巨之墓祠。

December

2019

Friday

星期五

20

2019 年 12 月 20 日

农历己亥年 · 十一月廿五

汉·木雕獬豸

西汉木雕独角兽，1959 年出土于甘肃武威市磨嘴子汉墓，现藏于甘肃省博物馆。长 57 厘米、高 38.5 厘米。独角前刺，尖尾朝天，四肢跨开，呈奋力前冲的姿势。具有标志性独角和直尾呈 90 度，长宽略同，明显较四肢粗壮，夸张不失协调，构成力量的核心。此即为传说中的独角兽——獬豸。獬豸又名廌，《说文》释曰："似山牛，一角。古者决讼，令触不直者。"传说它能辨识善恶忠奸，明判是非曲直，故后世多以獬豸为执法公正之象征。

December

2019

Saturday

星期六

21

2019 年 12 月 21 日

农历己亥年·十一月廿六

汉·青铜獬豸

东汉青铜独角兽，潘家庄汉墓群出土，现藏于甘肃酒泉瓜州县博物馆。角尖锐细长，尾佚失，前肢微错，呈缓步行进状，为形态古拙类獬豸。史籍载录的獬豸有羊形、牛形、鹿形等不同形态，但共同之处是头上都长有独角，俗称独角兽。东汉杨孚《异物志》载："东北荒中有兽，名獬豸，一角，性忠，见人斗，则触不直者；闻人论，则咋不正者。"现在出土的汉代独角兽与史籍记载相符，且均为前趋"触不直者"的形态。

经 典 流 传

冬至

December

2019

Sunday

星期日

22

2019 年 12 月 22 日

农历己亥年·十一月廿七

汉魏·《皋陶治狱图》画像石

汉魏画像石，1976 年出土于江苏淮阴泗阳县屠园乡周庄打鼓墩樊氏墓，现藏于淮阴博物馆。从汉代起，被尊为狱神的皋陶与具有“神判”功能的獬豸已形成固定组合出现于画像石上。“帝舜三年，命咎陶作刑”“皋陶造狱而法律存”等经典语句，在解释刑法起源时被频繁引用。画像石中的獬豸形象和羊十分相似，应是源于《墨子·明鬼下》所载齐庄公在神社以羊来判断王里国、中里徼是非曲直之事。画像石上，站在獬豸身后的皋陶正拍抚着獬豸，被獬豸顶触者，呈神色慌张之态。

December

2019

Monday

星期一

23

2019 年 12 月 23 日

农历己亥年·十一月廿八

汉·木雕獬豸

西汉木雕独角兽，现藏于甘肃省博物馆。目前已发现的早期獬豸，大多出土于甘肃地区。兽身布满彩绘，呈现出一副奋力前冲的姿势，与后世繁复的獬豸造型相比，它造型虽简，但不失生动传神。它低头颔胸，目光向下，以锋锐长角刺向前方。夸张的独角，彰显了獬豸最深刻的内涵。修长微扬的扁尾，增加了獬豸前冲的动感。

December

2019

Tuesday

星期二

24

2019 年 12 月 24 日

农历己亥年 · 十一月廿九

魏晋·青铜獬豸

魏晋时期青铜独角兽，1956 年出土于甘肃酒泉市下河清 18 号墓，现藏于甘肃省博物馆。长 70.2 厘米，兽身表面布满或飘逸或卷曲的毛发。它身躯不大，俯首颔胸，颈部高耸，于圆曲中蕴藏着无穷的力量；前腿直立，后肢弯曲，头顶长刺，宽尾高扬，形成约 30 度的倾斜，一幅屏息伏冲的临战姿态。夸张的长刺和宽尾是可拆卸的组件，几与兽身等长，平添了神兽的神勇气概。与汉代质朴型独角兽相比，此兽锐角上出现了模仿戟式兵器的分叉；尾巴被加宽，形似一把扁刀。伴随“武器”的增加，神兽的功能更为强大，人们对獬豸的幻想和期望也随之生长。

December

2019

Wednesday

星期三

25

2019 年 12 月 25 日

农历己亥年·十一月三十

北朝·陶质独角兽

北朝陶质独角镇墓兽，现藏于陕西历史博物馆。高 73.5 厘米、长 47 厘米。据出土实物，酷肖羊、牛形的独角兽出现较早，后来渐为鹿形、麒麟形所取代，也即独角兽的样貌经历了由质朴到繁复的演变。此件北朝时期的独角兽与汉代风格有别：一是前向的独角长度缩短，身形似牛，背部生翼，尾部留有圆孔朝上，原当有插尾；二是呈静立姿态，失去了早先的生猛气概。

December

2019

Thursday

星期四

26

2019 年 12 月 26 日

农历己亥年 · 十二月初一

北魏・彩绘镇墓兽

北朝陶质独角镇墓兽，现藏于西安博物院。魏晋以后，镇墓兽进入爆发式发展期。为保护死者灵魂不受侵扰，构思诡异、形象怪诞的镇墓兽层出不穷，以震慑驱逐冥间的妖魔鬼怪。独角镇墓兽不仅有兽面兽身，人形及人面兽身者也大行其道，身上也长出羽翼。只是它们不再有奔走之姿，多呈静立之状。

December

2019

Friday

星期五

27

2019 年 12 月 27 日

农历己亥年・十二月初二

唐·石雕獬豸

唐桥陵中的石雕獬豸。桥陵位于陕西蒲城县，是唐睿宗李旦的陵墓。至唐宋时期，獬豸化身为一种神兽、瑞兽出现在帝王陵墓的神道上，而此时，其形象与人们习见的羊、牛等渐行渐远，反而与罕见的鹿、麒麟等更为贴近。石雕獬豸位于桥陵华表北 28 米处，东西各一尊。其身高 2.95 米、长 2.90 米、宽 1.10 米，体形硕壮，怒目露齿，身有双翼。唐代将獬豸置于陵前，取其忠勇可信、廉明正直、可除凶祟，用来看守阙门和神道，守护陵寝。

December

2019

Saturday

星期六

28

2019 年 12 月 28 日

农历己亥年 · 十二月初三

明・石雕獬豸

明孝陵中的石雕獬豸。孝陵位于江苏南京市紫金山南麓，是明太祖朱元璋与孝慈高皇后马氏的合葬陵墓。在长 618 米的“石象路”上，依次布置狮、獬豸、骆驼、象、麒麟、马六种石兽，共 24 只。明清皇陵上的獬豸，已成为游客认知独角兽的一个重要窗口。其中獬豸样貌与汉魏早期形象大异其趣之处是，具有标志性的锐利长角大大缩短，且不再挺立，而是顺服于头顶，独角向后。

December

2019

Sunday

星期日

29

2019 年 12 月 29 日

农历己亥年 · 十二月初四

清·獬豸图

清代绣品，现藏于厦门博物馆。自汉代以来，独角兽獬豸开始了漫长的演变。与大量历史人物、事件类似，獬豸的形象也是被“层累”地构造。汉代人首创的獬豸取形于人们生活中常见的动物比如牛羊，但越往后世，獬豸的身上就越多了一些神秘的外衣，距离人们熟悉的动物形态越来越远。标志性的独角由长锐前刺转向短粗后倾，也越发失其本意。但獬豸作为司法公正廉明的理念，早已深入人心。

December

2019

Monday

星期一

30

2019 年 12 月 30 日

农历己亥年 · 十二月初五

清·灰雕獬豸

清代雕塑，现存于浙江宁波天一阁照壁之上。传说中的独角兽——獬豸，当是最能代表中国古代法制精神的一种动物。长久以来，它被视作法律公正的代言人。“法”字原写作“灋”，偏旁为“氵”，取意为平之如水，右边的“廌”，实际上就是獬豸：“廌，所以触不直者，去之。”獬豸因为它的神力，被人们永久地烙印在“法”这个汉字中。历经两千余年“层累”地构造，獬豸明辨是非、辨别曲直的功能早已深入人心，但其形象反而越来越复杂，甚至与“触不直者，去之”的基本功能相去甚远。

December

2019

Tuesday

星期二

31

2019 年 12 月 31 日

农历己亥年·十二月初六

编后记

发现文物的“制度”之美

文物：古代制度文明的建构者

法制文物是古代法律制度的见证和记录。中国古代有过什么样的法律制度，就会留下什么样的法制文物。从物的角度追溯中国古代法律制度的生成演变，既形象生动，也充盈着新知、新趣。

以文物来构建中国传统法制文明，一个关键性的前提是对法制文物的“理性”和“感性”界定。从理性的角度看，古代刑具、法典、契纸之类是显而易见的法制文物，而更大量的隐性法制文物，则需要理性加感性的慧眼，以及丰富的现场观感。当我们亲临新发现的考古遗址或置身国宝荟萃的博物馆，环顾琳琅玉器、庄严礼器、凌厉兵器，不禁会思考它们与法制的关联，同时也会追问，“礼源于祭祀，刑始于兵”的中国古代法制起源路径能够通过文物展现吗？中华法系的“德主刑辅”“礼刑合一”等特色，是否会物化为器物？中国厚重的古代文化遗存遗物，到底能揭示怎样的法制演变格局？

带着这些疑问，我们认真审视、拍摄博物馆中的每一件文物，辨别、梳理它们与法制的关联。这一工作已持续了整整20年。

在思考和追问下，博物馆中常见的礼器、兵器、印章、钱币、度量衡器等都不再是一个个孤立的存在。在我们眼中，每一件法制文物的诞生和辗转流传，都有明显的目的性，也都肩负一定的使命。它们或是制度的化身，或是制度实施的载体。因为它们的存世，古代法制文明的发展脉络与结构框架，得以建构、复原。是故，专业、感性、整体的视角，有助于我们对法制文物的真切把握和深入理解，同时也有助于我们认识到，古代中国的制度文明具有系统性，法律制度与政治、经济、军事、文化等制度相融共生、荣辱与共。早在西周初年，周公“制礼作乐”的制度设计即不单纯限于礼乐，所谓“礼以道其志，乐以和其声，政以一其行，刑以防其奸。礼乐刑政，其极一也，所以同民心而出治道也”（《礼记•乐记》）。礼、乐、刑、政，在制度建设和国家治理中，缺一不可；西周的青铜礼器，体现了同样的特征。从这个角度看，每一件器物，都是一个“小制度”，无数个礼器文物，便可以构建、总括出“大制度”的内涵。

公器：古代法制的形象工程

制度往往依托于常用器物而存在。通过博物馆中展陈的文物，数百上千年前的制度文明，触手可及。“国之大事，在祀与戎”“礼乐征伐自天子出”是早期王朝立国的政治理念。与之相应，“礼源于祭祀，刑始于兵”是中国法制起源发展的重要路径。博物馆中丰富的礼器、兵器收藏，足以建构出中国古代法制文明初始发展的谱序。那些或威武或神秘的斧钺，无论是新石器时代流行的玉斧、玉钺，还是夏商遗址出土的各式青铜钺，都不是功能单一的兵器，而是兼具了刑具和威仪的礼兵器。

春秋战国时，周王室权力衰微，群雄并立，各国的制度竞争在钱币、度量衡等重要领域率先展开。战国齐量器“子禾子釜”原置于关卡，对守关的官吏行为作出明确规范。铭文记载了该釜容量大小的参照标准，并警告：如关人舞弊，加大或减少其量，均当制止。如关人不从命，则论其事之轻重，施以相当刑罚。其铭文的意义，正如邱光明所言：“度量衡一旦从殿堂走向民间，也就必须具备一定的法制性。”

作为国家形象工程的法制文物，往往是国之“公器”。“公器”指通行并具有规范社会作用的器物，如度量衡器、货币、契约。《慎子·威德》言：“蓍龟，所以立公识也；权衡，所以立公正也；书契，所以立公信也；度量，所以立公审也；法制礼籍，所以立公义也。凡立公，所以弃私也。”战国秦汉流行的在标准度量衡器上铭刻法令诏书的做法，尤能反映“公器”在国家治理和建立新的社会秩序中的能动作用。

而堪当古代“国家形象工程”及法制象征的，不仅仅是铭刻有帝王诏书的标准度量衡，传说中的禹铸九鼎、郑国铸刑书、秦传国玉玺等，亦可担此重任，只是它们不如商鞅量、王莽嘉量那般幸运传世，也无缘成为博物馆的“镇馆之宝”。

图片：展示别样的法制发展史

“左图右史”是古人为学治学的基本途径。在古代法制研究中，文物、图像同样具有不可忽视的意义。中国古代法制文明积累厚重，但由于知识、观念的隔膜，今人对传统法律文化颇感生疏。以直观、生动的法制文物和图像阐释古代法制文明的发展演变，适足以弥补文字枯燥、知识隔膜的缺憾。同时，法制文物和图像亦有自身的传承脉络，其所传达的信息，有些是文字史料难以替代的。

借助“左图右史”的传统形式，我们力求在体系、内容上有所创新，以展示一部别样的法制文明发展史。本书以月为主题单元，12个月的排列顺序及欲传达的理念是：一月“权之威”、二月“衡之用”，通过“谨权量，审法度”的代表性文物，分析度量衡制度中蕴涵的公平与秩序理念、“嘉量”所承载的帝国法制理想等。三月“玺之政”、四月“印之信”，揭示印章在古代政权及官僚制度建构中的作用，以及权力信用如何生成、演变。五月“符之验”，通过符牌等文物窥视古代军事、经济和行政管理制度的侧面。六月“位之尊”，以权杖、鸠杖、盟书、铁券、封册等文物展现传统社会尊老尊贵等“特权”制度的发展。七月“镂之金石”，梳理青铜礼乐文明与法制的紧密关联及其深广影响；八月“书于简帛”，检视文书行政在秦汉帝国秩序构建中的作用；九月“纸本文献”，传达契约观念、官文公凭等在社会的应用；十月“典籍传播”，揭示唐代律令制度的完善，以及礼刑书籍的广布、影响；十一月“经济命脉”，在梳理货币起源和发展的基础上展示其与法制的关联；十二月“经典流传”，辨析法制文明中的礼刑关系，以及传说中的独角兽——獬豸形象的演化路径。

每个月的法制文物主题具有相对独立性，然这种条块性的分布，并不影响我们对法制文明的整体观感。以日为单位，法制文物图片在365日的年代分布情况如下：史前4、夏1、商7、西周28、春秋12、战国29、秦21、汉66、三国两晋南北朝20、隋唐五代45、宋23、辽金西夏20、元28、明

30、清31，其中不乏一日展示2张图片及一图中有数件文物的情况，总计涉及法制文物近五百件。虽然这并非中国法制文物的全貌，但足以展现四千余年古代法制发展的阶段性和总体性特征。

解读：激活沉睡的法制文物

西周是中华法制文明的奠基时期，青铜器及铭刻见证并参与了礼乐文明与法制文明的融合。战国群雄争霸，各国在钱币、度量衡器、虎符、权杖等的设计制作上，各自为政，制度竞争此起彼伏。秦汉是中华法制文明的生长期。秦汉在文字、度量衡、钱币铸造上实现了有效统一，并以法制严密、权力制衡、行政效率见长。唐宋时期，律令典章已趋完备，影响及于西部边疆和周边国家。宋金元的法制文物深入民众和日常，法制与社会生活、经济管理、社会治理的关系日益紧密。明清时期的法制文物则见证了国家管理的常规化，中华法制文明影响之深广，达到前所未有的程度。

当然，本书中的近五百件文物远非古代法制文物的全貌。在主题文物图片的选择上，因顾及年代、区域分布的均衡性，还有大量精美图片未能“派上用场”；也因本书容量有限，数量丰富的古代赋税、科举文物，明清的官私文书和法律典籍，古代石刻法制文物、近代法制文物、根据地法制文物等，均暂且搁置，留待后续。

在对每一主题图片进行选择时，我们也经常面临是以内容为重还是以图片为上的两难。20年的拍摄经历，展现文物之美是我们的执着追求。而法制文物相较于其他文物，更具有朴素、庄严、凝重之美。

法制文物的存世，具有偶然性。我们有幸见到的，不过是沧海一粟。我们无缘见到春秋战国变法时“铸刑书”“铸刑鼎”所留下的文物，但我们却在度量衡器上，在印章、符牌、钱币上，在金石、简牍、砖瓦陶土上，发现了人们忽视的法制印迹。这些体系化的法制文物，其实际效用和法制意义，其实并不亚于失传的“刑书”“刑鼎”。

是故，每一件传世和出土的法制文物，都值得珍稀呵护。无论是陶土烧造还是青铜铭刻，无论是残篇断简还是完好如初，它们没有高低贵贱之别，都是古代文明的见证者、传承者。而激活这些沉睡中的文物，是时代赋予我们的使命。

一件文物是否具有鲜明的法制意义，还在于如何准确解读。参与图片说明撰写的二十余位师生，在钩沉资料时，付出了辛勤努力，也积累了丰富的经验。让法制文物“活起来”的后续工作，将比目前所呈现的更加完美。

古代法制文明的影响因子延及当代。读懂古代方能了解当下，把握未来。从传统中寻求智慧和力量，是我们不懈的追求。

李雪梅

2018 年 9 月

图书在版编目(CIP)数据

法韵中华. 古代篇. 2019 / 李雪梅编著. -- 北京：法律出版社, 2018
ISBN 978-7-5197-2721-5

Ⅰ. ①法… Ⅱ. ①李… Ⅲ. ①法制史－研究－中国－古代 Ⅳ. ①D929.2

中国版本图书馆CIP数据核字(2018)第217692号

法韵中华：古代篇（2019）
FAYUN ZHONGHUA：GUDAI PIAN（2019）
李雪梅/编著

策划统筹 张宇东 戴 伟
责任编辑 周 洁
装帧设计 李 瞻
特邀营销编辑 张心萌 徐 印

出版 法律出版社
总发行 中国法律图书有限公司
经销 新华书店
印刷 北京汇瑞嘉合文化发展有限公司
责任校对 王晓萍
责任印制 沙 磊

开本 889毫米×1194毫米 1/48
印张 15.875
字数 600千
版本 2018年10月第1版
印次 2018年10月第1次印刷

法律出版社/北京市丰台区莲花池西里7号(100073)
电子邮件/info@lawpress.com.cn
网址/www.lawpress.com.cn
销售热线/010－63939792/9779
咨询电话/010－63939635

中国法律图书有限公司/北京市丰台区莲花池西里7号(100073)
全国各地中法图分、子公司电话：
第一法律书店/010－63939781/9782
重庆公司/023－65382816/2908
北京分公司/010－62534456
西安分公司/029－85388843
上海公司/021－62071010/1636
深圳公司/0755－83072995

书号： ISBN 978-7-5197-2721-5
定价： 148.00元